놀이와 연극으로 만나는
역사 수업

놀이와 연극으로 만나는
역사 수업

재미와 역동이 넘치는
준호샘의 역사 수업 이야기

서준호 글 · 사진

지식프레임

인디스쿨에서 몇 년간 역사캠프를 진행했었다. 역사캠프는 정유진 선생님과 내가 역사를 가르치며 알게 된 여러 가지 아이디어를 공유하고 전달하는 2박 3일 방학 연수였는데, 나는 주로 '놀이와 교육연극 기법을 이용한 역사 수업 만들기'에 대한 경험을 나누었다.

참가한 선생님들은 간단한 놀이와 연극 기법이 역사 속 사건에 따라 어떻게 변형되어 적용되는지 그 아이디어에 열광했고, 내가 역사 수업을 진행하면서 아이들에게 했던 멘트에도 관심이 많았다. 하지만 갑자기 찾아온 코로나19로 인해 역사캠프는 멈출 수밖에 없었다. 그럼에도 역사 수업에 대한 연수 요청은 지속적으로 들어왔다. 역사적 사실을 가르쳐주는 한국사 강좌나 연수는 많지만, 정작 교실에서 역사를 어떻게 가르쳐야 하는지, 그리고 아이들이 지루하지 않게 수업을 만드는 방법에 대한 워크숍과 강좌가 없어 고민하던 선생님들이었다. 그래서 줌을 이용해 원격으로 연수를 진행하기도 했고, 사람과 교육 연구소에서 이따금씩 '역사 수업 만들기'라는 오프라인 워크숍을 진행하기도 했다.

워크숍에 참여한 선생님들은 놀이와 연극이 결합된 수업에 많은 매력을 느

껐다. 몸을 이어 붙여 역사 속 문화재를 만들어보고, 몸을 조각해 역사 속 인물과 사건을 재연해 보고, 비명을 지르며 일본 순사로부터 도망쳐보고, 전쟁 중에 누군가를 살리기 위해 소리를 질러보는 등 그동안 내가 학교에서 아이들과 함께했던 경험과 아이디어를 가득 공유했다. 하지만 시간은 언제나 부족했고, 나눠줄 수 있는 자료도 한계가 많았다. 그간 내가 쌓아온 자료들은 계기교육처럼 특정 주제에 대한 역사 수업이 많았고, 그러다 보니 교육과정 전반에 걸쳐 제대로 된 피드백을 하기엔 어려움이 있었다. 그럼에도 많은 선생님들이 수업 전반에 대한 프로그램과 추가 연수가 진행되기를 바랐다.

선생님들의 많은 지지와 요청에 힘입어 제대로 된 역사 수업 프로그램을 만들고 싶다는 생각이 들었다. 다행히 근무하는 학교에서 5학년 학생들을 지도하며 역사 동아리까지 운영하게 되었다. 일주일에 두세 번은 교실 책상을 밀어놓고 역동이 가득한 역사 수업을 진행했다. 물론 쉬운 과정은 아니었다. 매순간 역사 수업만 생각할 정도로 많은 고민이 있었다. 그렇게 치열한 고민 끝에 여러 수업이 만들어졌고, 반 아이들과 원 없이 역사 수업을 했다. 교실에 여러 나라가 세워졌고, 다양한 전투가 치러졌다. 수업이 끝나면 역사 수업을 멋지게 재구성했다는 만족감과 뿌듯함이 생겼다. 무엇보다 아이들이 우리나라 역사를 더욱 사랑하게 되어 기뻤다.

사회 교과서가 국정교과서에서 검정교과서로 바뀌는 시대를 맞이했다. 다양한 출판사에서 나온 교과서 중에서 내 반 아이들에게 맞는 것을 고르고 수업을 재구성해야 하는 시대다. 출판사에서 제공해 주는 자료는 한계가 많고, 누군가의 자료에 전적으로 의존하는 것도 어려울 수밖에 없다. 그사이 가림판이 걷어지고 마스크를 벗으며 그동안 하지 못했던 참여와 체험 형태의 수업이 다시 가능해졌다. 학생들의 놀이권 또한 강조되어 학교 내 쉬는 시간에도 변화가 생겼다. 이제 놀이와 연극을 활용한 수업은 더욱 늘어날 수밖에 없고 이와 관련한 수업 재구성 경험과 아이디어가 어느 때보다 필요한 시기가 아닐까 싶다. 이 책은 역사 수업을 위해 놀이와 연극을 활용했던 수업 재구성의 기록이지만, 이런 아이디어는 여러 교과와 주제로 다양하게 응용될 수 있으리라 생각한다.

이 책에서 사용했던 여러 놀이와 교육연극 기법은 내가 그동안 지식프레임에서 출간했던 《서준호 선생님의 교실놀이백과 239》, 《서준호 선생님의 강당 운동장놀이 189》, 《서준호 선생님의 마음 흔들기》, 《6학년 담임 해도 괜찮아!》 등에서 소개한 내용에 기반한 활동이 많다. 많은 기법과 기술이 넘치는 시대이기에 새로운 기법을 소개하기보다는 이미 알려진 방법을 어떻게 조합하고 변형해 나가는지가 더 중요하다는 생각이 들어서였다. 같은 놀이라도 멘트를 어떻게 하느냐에 따라 놀이의 성격은 달라진다. 마찬가지로 기존 놀이에 어떤 도구를 추가하고 조합하느냐에 따라 역사 속 사건의 성격을 다양하게 만들어낼 수 있다. 그런 점에서 이 책은 기존에 출간했던 놀이 책의 사용 방법을 역사 수업으로 확대하여 응용한 확장판일 수도 있겠다.

이 책을 준비하는 동안 20년 넘는 교직 인생 중 가장 몰입해 역사 수업을 할 수 있었다. 그 덕에 나와 내 반 아이들은 우리나라 역사를 더욱 자랑스럽게 생각하고, 강인한 민족의 자손이란 자부심으로 더 당당하게 고개를 들고 살게 되었다. 우리가 그렇게 변했던 것처럼 이 책을 읽는 선생님이, 이 책에 소개된 놀이와 프로그램의 일부를 만나는 학생들이 우리 역사를 더 사랑하게 되면 좋겠다. 무엇보다 역사 수업에 대한 선생님들의 고민이 조금이라도 줄어드는 데 도움이 되길 바란다.

차례

Part 1
고조선~고려시대

Part 2
조선시대

Part 3
일제강점기~대한민국

역사를 어떻게 바라볼까?

역사를 가르칠 때는 '역사를 바라보는 관점'이 무엇보다 중요하다고 생각한
다. 같은 대상과 사건을 보고도 개인의 경험과 관점에 따라 해석이 달라지는 것
처럼, 역사를 바라보는 교사의 관점은 가르치는 방향에 영향을 미칠 수밖에 없
다. 학생들 또한 마찬가지다. 어떤 관점으로 우리 역사를 마주해야 할 것인지를
미리 생각해 볼 필요가 있다. 그래서 본격적인 역사 수업을 진행하기에 앞서 두
가지 프로그램을 먼저 소개한다.

난 대단하고 강인해!

우연히 한 영상에서 우리나라 역사가 너무 짠하다며 출연자가 울먹이던 장
면을 본 적이 있다. 한참 동안 먹먹해하던 그 모습이 내내 마음에 걸렸다.

나는 '우리나라'를 내 '부모'라고 가정해 보았다. 부모님은 많은 어려움을 극복한 삶을 살아내셨다. 그런데 누군가 그들을 향해 그저 짠하고 불쌍하다고 이야기하면 오히려 속상하고 슬프겠다는 생각이 들었다.

나는 누군가로부터 "당신은 참 대단하고 강인한 사람이에요!"라는 말을 들을 때 힘과 용기를 얻는다. 이 힘은 앞으로 내게 어떤 어려움이 닥치더라도 이겨낼 수 있겠다는 강인한 마음을 불러낸다.

그렇다면 역사를 바라보는 관점을 살짝 바꿔보면 어떨까? 우리 역사를 단지 '짠하고 불쌍하다'고 바라보는 것이 아니라, '대단하고 강인하다'는 관점으로 이동해 보는 것이다. 이 글을 읽고 있는 선생님 또한 우리 역사에 대해 그동안 어떤 관점을 갖고 있었는지 먼저 점검해 보셨으면 한다.

학생들에게는 이런 관점을 말로 설명하는 것보다 활동을 통해 알려주고 싶었다. 그래서 '우리나라가 사람이라면'이라는 활동을 진행했다. 한 학생을 세워 '우리나라' 역할을 하도록 하고, 양쪽 어깨 뒤에 다른 학생들을 세워 그들의 말을 들어보고 그에 따라 느껴지는 감정이나 생각을 말하도록 했다. 이 기법은 내가 전공한 심리극(Psychodrama)의 '이중자아기법'을 이용한 것인데, 내면의 여러 마음을 주인공 뒤에 세우고 그들이 하는 말을 들어보면서 마음과 생각을 정리하도록 돕는 기법이다.

'우리나라'가 '사람'이라면 ———

1 '우리나라' 역할을 할 학생 한 명을 선정한다.

2 우리나라는 괴롭힘을 여러 번 당했지만, 이를 극복하고 지금은 잘 살아 가고 있는 사람이라고 가정한다.

3 학생 두 명을 뽑아 우리나라 뒤에 세우고 한 손을 우리나라 어깨 위에 올리도록 한다.

4 뒤에 선 왼쪽 학생에게 우리나라를 바라보며 "넌 정말 불쌍하고 짠해."라고 말하게 한다.

5 뒤에 선 오른쪽 학생에게 우리나라를 바라보며 "넌 정말 대단하고 힘이 있어."라고 말하게 한다.

6 위 4번과 5번을 천천히 몇 차례 반복한다.

7 뒤 학생들의 말을 들은 '우리나라' 역할을 맡은 학생에게 어느 쪽을 바라보고 싶은지 결정하게 하고, 그곳을 바라보도록 한다.

8 그 이유를 물어보고, 각 말에 대한 느낌과 생각을 말하도록 한다.

활동 마지막에 우리나라 역할을 맡은 학생에게 느낌과 생각을 물어보았더니, 자신을 불쌍하게 바라보는 사람보다는 자신을 대단하게 바라봐주는 사람이 좋고 힘도 생긴다고 했다. 대단하다고 해줘서 고맙다는 말도 전했다.

나는 학생들을 바라보며 말했다.

"자, 너희가 (우리나라 쪽을 가리키며) 이곳에 서 있다고 가정해 보자꾸나. 좋은 일도 겪었겠지만 때론 힘들고 괴롭힘을 당하기도 했지. 너희는 어떤 말을 듣고 싶니? 손으로 가리켜볼까?"

반 아이들 대부분은 '대단하고 멋지다'는 말을 해줬으면 좋겠다는 답을 했다.

"앞으로 우리나라 역사를 배울 텐데, 그 내용 중엔 행복하고 좋은 것도 많

지만 한편으론 괴롭힘당하고, 어쩔 수 없이 싸우기도 했고, 또 누군가는 죽기도 했던 슬프고 아픈 일에 대해서도 배우게 될 거란다. 하지만 방금 봤던 것처럼 짠하고 불쌍한 관점이 아닌, 많은 아픔을 이겨낸 대단하고 강인하다는 관점에서 우리 역사를 바라보면 어떨까? 그렇게 된다면 우리는 대단하고 강인한 역사를 만들어온 사람들의 자손이 되겠지. 자, 이런 마음으로 고개 들고 가슴 펴고 우리 역사를 공부해 볼까?"

나중에 역사 수업이 진행될 때마다 반 아이들은 "와, 대단하다!" "정말 이렇게 극복했다고요?"라는 말과 글로 응답했다. 가슴 아픈 내용을 다뤄야 할 때면 "역사 수업 처음 시작했을 때, 우리 역사는 대단하고 강인한 역사라고 했던 선생님 말 기억하니? 오늘도 어떤 어려움을 극복하고 이겨냈는지 함께 공부해 보자꾸나."라는 말로 수업을 시작했다. 그럴 때면 아이들은 더욱 눈을 반짝이며 수업에 참여했다.

지금의 우리를 있게 한 강인한 생명력

위의 프로그램만으로도 아이들에게 역사에 대한 관점의 변화가 왔다. 하지만 나는 조금 더 구체적으로 '왜 강인한 생명력을 지닌 자손이 우리인지'에 초점을 맞춰 프로그램 하나를 더 진행했다.

'생명의 물줄기'라는 이름으로 진행하는 이 활동은 한 학생을 교실 중앙에 세우고 그 학생이 태어나기 위해서 존재해야 할 부모님, 그리고 그들의 부모님들이 존재했음을 눈으로 확인시켜주는 활동이다. 이를 통해 몇 대를 거쳐 생명이 나에게 전달됐음을 알아차리도록 하는데, 참여한 모든 학생들이 울컥해하면서 자신을 더욱 특별한 사람으로, 대단한 우리 역사의 '자손'으로 바라보는 결과가 나타났다. 이 활동은 내가 심리치료와 집단상담에서 오랫동안 진행해 온 독일 버트 헬링거 박사의 '가족세우기(Family Constellations)' 기법 원리 중 일부를 변형한 활동이다.

생명의 물줄기 ——

1 학생 한 명을 중앙에 세운다.

2 중앙에 서 있는 학생의 아빠와 엄마 역할을 정하여 학생 뒤에 세운다. 이 때 부모 역할을 맡은 학생들은 자녀의 어깨 위에 한 손을 올린다.

3 잠시 뒤, 아빠 역할의 학생은 반 학생들 중 자신의 아빠와 엄마 역할을 할
  사람을 골라 자신의 등 뒤에 세운다.

4 엄마 역할을 맡은 학생 또한 자신의 아빠와 엄마 역할을 골라 자신의 등
  뒤에 세운다.

5 이렇게 세워진 각 아빠, 엄마들은 계속해서 자신의 아빠와 엄마를 골라
  자신의 등 뒤에 세운다.

6 역피라미드 형태로 모두가 누군가의 아빠, 엄마가 되어 선다.

7 처음 가운데에 섰던 학생은 뒤를 돌아보며 어떻게 나에게 생명이 이어져
  왔는지 확인한다.

한 명을 중심으로 세워진 아빠와 엄마 뒤로 보이지 않는 수백, 수천의 아빠,
엄마들이 함께 연결되어 있다고 생각하기로 했다. 그리고 "이 중에 한 명의 아
빠나 엄마라도 이 세상에 없다면 가장 앞에 있는 내가 세상에 존재할 수 있을
까?"라고 물었다. 서 있는 아빠, 엄마 중 한 명을 뺐다 넣었다 하면서 '한 명이라
도 존재하지 않으면 현재의 내가 세상에 존재하지 않는다'는 것을 확인시켜주
었다.

"(뒤에 선 학생들을 가리키며) 이렇게 수많은 아빠, 엄마가 살아온 세월을 살
펴보면 그들의 삶에 임진왜란, 병자호란과 같은 역사적 사건이 있었단다. (앞
쪽으로 오면서) 일제강점기 시대도 있었지. 이때 많은 사람들이 죽기도 했고
강제 징용당했던 안타까운 사건이 있기도 했었단다. 가장 앞의 학생이 바로

'나'라고 생각해 볼까? 너희가 현재 존재할 수 있는 건 너희 뒤에 연결되어 있는 수많은 엄마, 아빠들이 아픔을 이겨내고 생존했기 때문이란다. 정말 대단하지 않니? 그리고 대를 이어 맨 앞의 '나'에게 너무나 중요한 것을 전달했단다. 그게 뭘까?"

아이들은 "사랑요!" "재산요!" 등 여러 답을 했다.

"그건 바로 강인한 '생명'이란다. 수많은 사건 속에서도 생존하여 여러 엄마, 아빠를 거쳐 너희에게까지 생명이 전달된 거지. 멋지지 않니? 처음에 했던 활동(우리나라가 사람이라면)에서 선생님이 이야기했던 것처럼 우리는 강인한 민족의 자손이고, 지금까지 강인한 생명이 이어져왔단다. 그래서 우리 민족이 힘든 역사를 어떻게 이겨냈고 현재까지 이어져왔는지 더 알아봐야 하지. 그걸 알게 되면 더 고개 들고 살 수 있게 되고, 난 정말 강한 사람이다라는 생각이 자연스럽게 찾아올 거야."

한번은 재외동포재단 초청 장학생 역사문화체험 프로그램을 통해 여러 나라에서 한국을 찾아온 재외동포 2, 3세 200여 명이 화순에 모였다. 해외에서 생활하는 부모들은 자녀가 한국에 대해 애정을 갖지 않고 현재 살고 있는 나라에만 관심을 두는 것에 안타까움이 있었다. 나는 역사 프로그램을 시작하면서 '생명의 물줄기' 활동을 진행했다. 한국어를 제대로 하지 못하던 청소년들이 처음엔 호기심으로 바라보더니 부모들이 계속해서 세워지자 점차 몰입하기 시작했다.

"지금 여러분은 영국 또는 미국, 세계 여러 나라에 살고 있지만, 여러분의 부모들은 이 한국의 역사 속에서 생존했고 어려움을 이겨낸 뒤 여러분에게 생명을 전달했습니다. 부끄러워하지 마세요. 우린 강하고 대단한 민족입니다."

이 말을 들은 학생들은 금세 겸손하고 집중하는 모습으로 바뀌었다. 그리고 이후 진행한 우리 역사 이야기와 프로그램에 더욱 열심히 참여했다. 나중에는 한글학교에도 열심히 다니고, 우리 역사에 더 많은 관심을 갖게 되었다는 피드백도 받았다.

'생명의 물줄기'는 꼭 한번 해보길 추천하는 활동이다. 만약 교사인 내가 이 활동에 참여해 맨 앞에 서 있다고 상상해 보자. 나 역시 정말 대단한 사람이 아닌가!

재미와 역동이 넘치는
준호샘의 역사 수업 이야기

Part 1
고조선~고려시대

01

최초 국가의 탄생

••

5학년 교과서에 소개되는 역사 수업의 첫 시간은 고조선의 건국과 발전 과정이다. 청동기 시대 이후 힘센 세력들이 등장했고 주변 세력을 하나로 모으는 과정에서 최초 국가가 탄생했다.

고조선의 건국 이야기를 보면, 곰 부족과 호랑이 부족이 모두 환웅 부족과 연합하고 싶어 했는데 결국 곰을 믿는 부족이 환웅 부족과 연합한다. 이 흐름과 내용을 학생들에게 활동을 통해 이해시켜주고 싶었다. 그래서 알고 있던 놀이와 과거 경험을 바탕으로 수업을 재구성했다.

부족의 통합

반 아이들을 몇 개의 부족으로 구성하고자 가위바위보로 인원이 조금씩 늘어나는 '스타와 팬' 놀이를 이용하기로 했다. 놀이의 기본 활동 방법은 다음과 같다.

각자 돌아다니다 누군가와 가위바위보를 해서 이긴 사람은 스타가 되고 진 사람은 팬이 된다. 팬이 된 사람은 "우유 빛깔 서준호!" "사랑해요 서준호!" 등을 크게 외치면서 스타의 뒤를 졸졸 따라다닌다. 돌아다니던 스타들은 서로 만나 가위바위보를 하고 진 사람 쪽 모두는 이긴 스타의 팬이 되어 함께 돌아다닌다. 같은 방식으로 활동을 계속하면 결국 한 명의 스타가 탄생하고, 모두가 그 뒤를 열광하며 따라다니면 된다.

수업에서는 반 아이들과 '스타와 팬' 놀이를 먼저 진행해 본 뒤, 변형된 형태로 활동해 보자고 제안했다.

부족의 탄생

1 "우가우가!"라는 소리를 내며 교실 공간을 자유롭게 걸어 다닌다.

2 선생님의 신호와 함께 둘이 만나 가위바위보를 한다. (이때 "가위바위보!"라는 말 대신 "우가우가우가!"라는 말로 진행하면 더욱 재밌다.)

3 이긴 사람은 족장이 되고 진 사람은 부하가 되어 족장을 "우가우가!"라는 말로 치켜세우며 따라다닌다.

4 족장은 족장끼리 만나 가위바위보를 하는데, 가위바위보에서 진 족장과 부하들은 모두 이긴 족장의 부하가 되어 이긴 족장을 "우가우가!"라는 말로 치켜세우며 따라다닌다.

5 이 과정을 반복해 몇 개의 부족을 구성한다.

가위바위보를 통해 모둠이 만들어지는 것을 지켜보다가 세 개 부족이 되었을 때 진행을 잠시 멈추었다. 그런 뒤, 세 모둠 중 두 개의 부족에게 가위바위보를 하도록 했다. 가위바위보를 통해 모둠이 하나로 합쳐지는 과정에서 이긴 쪽은 환웅 부족, 진 쪽은 곰 부족이라는 설명을 빠르게 덧붙였다. "이렇게 환웅 부족은 곰 부족과 통합해 커다란 부족이 되었답니다."라는 말로 곰 부족을 받아들인 '환웅 부족'을 소개했다. 남은 한 모둠에게는 호랑이 부족이라는 이름을 붙였고, 이로써 두 개(환웅 부족 vs 호랑이 부족)의 부족이 대결하는 구도가 만들어졌다.

국가를 만드는 과정은 단순한 가위바위보가 아닌 조금 더 역동적인 활동으로 만들고 싶었다. 그래서 몸을 표현하여 각 부족을 대표하는 하나의 이미지를 만들어보도록 했다. 과거에는 이미지나 내뱉는 소리 등으로 상대를 제압하기도 했다고 알려주고, 상대보다 더 강한 이미지를 만들 수 있도록 안내했다.

환웅 부족

호랑이 부족

준호샘의 수업 팁

사회 지도서에 따라 세밀하게 진행한다면 호랑이, 곰, 환웅이라는 세 부족이 각각 필요했지만, 역사 수업 초반이기도 하고 40분 안에 국가를 탄생시켜야 한다는 목표가 있었기에 '환웅 + 곰 부족 vs 호랑이 부족' 구도가 되도록 했다. 때로는 역사적 사실을 그대로 재연하고 진행하는 것보다 흐름상 설명을 해주고 왜 이렇게 모둠(부족)을 구성했는지 이해시켜주는 것이 낫다.

최초 국가의 탄생

두 부족이 통합되는 과정은 힘이 센 부족이 힘이 약한 부족을 통합한다는 원칙에 맞춰 진행해야 했다. 그래서 부족 간에 몇 개의 대결을 진행했다. 역사 수업이 진행될수록 대결과 전투 놀이는 많이 필요했기에 이번에는 간단한 놀이로 활동을 구성했다.

먼저, 기선 제압을 위해 두 부족이 서로 마주보고 "우가!!!!"라는 소리를 내기로 했다. 더 크게 소리를 낼수록 강해 보일 것이라고 안내했다. 그런 뒤 부족 대표 전사들이 나와 닭싸움, 팔씨름, 부족장의 3판 2승 가위바위보 등으로 최종 승부를 냈다. 이로써 한 부족은 다른 모든 부족을 통합시켰다.

두 부족의 대결 1 : 닭싸움

두 부족의 대결 2 : 팔씨름

"이렇게 강한 부족은 약한 부족을 통합하며 조금씩 더 커졌단다. 그리고 부족의 수준을 넘어 최초로 나라가 만들어지게 되는데, 바로 우리 역사에서 최초 국가인 '고조선'이란다."

앞서 했던 '스타와 팬' 놀이를 떠올려보도록 한 뒤, 이긴 부족 족장을 중심으로 열광하고 찬양하는 모습을 만들어보도록 했다. 가운데 사람이 '단군왕검'이고 이렇게 모여 있는 건 우리나라 최초의 국가인 '고조선'이라고 설명했다.

"앞서 했던 놀이 활동에서 선생님은 왜 모둠 이름을 환웅 부족, 곰 부족, 호랑이 부족이라고 칭했을까? 바로 건국 이야기에 담겨 있는 내용을 바탕으로 했기

때문이란다. 고조선의 영토는 어느 정도 넓이였을까? 그리고 이때 법 조항도 있었다는데 궁금하지 않니?"

국가를 세우는 과정을 경험해서인지 ㄱ 안에 담겨진 이야기에 아이들은 많은 호기심을 갖고 수업에 참여했다.

준호샘의 수업 팁

활동을 하다 보면 우리 역사의 흐름대로 진행되지 않을 수도 있다. 만약 호랑이 부족이 이겨서 국가를 만들었다면 어떻게 할까? 그렇다면 새로운 국가명도 지어보고, 가운데 대족장 명칭도 새롭게 이름 지어보도록 하자. 그런 뒤 다음과 같은 말로 역사를 소개할 수 있다.

"우리 교실에서는 호랑이 부족이 모두를 통합해 나라를 만들었지만, 우리 역사에서는 환웅 부족이 통합했습니다. 선생님은 교과서 속 내용을 똑같이 재연하는 것보다는 어떤 흐름으로 국가가 만들어졌는지를 여러분에게 알려주고 싶었답니다."

이처럼 다른 여러 활동도 무조건 똑같이 재연하기보다는 흐름에 초점을 맞추고 아이들의 활동 결과에 따라 배워야 할 내용을 교사가 덧붙이는 것도 좋다.

재미있는 원시시대 역사 수업

현재 5학년 교과서에서는 고조선부터 역사를 배우지만 과거에는 구석기, 신석기부터 시작했다. 이 부분에서 '원시인 놀이'(교실놀이백과239, 410p)를 활용해 아이들과 배꼽이 빠질 정도로 웃고 즐기며 수업 초반부를 보냈었다. 청동기 이전의 역사부터 수업을 하고 싶다면 다음 활동을 참고해 보자.

원시인 놀이 ——

1 5명 정도가 모여 한 부족이 된다. ('스타와 팬' 놀이를 응용해 만들 수도 있다)

2 모두가 원시인이 되고, "우가우가!"라는 말 외엔 사용할 수 없다.

3 족장(대장 원시인)을 뽑아 맨 앞에 세우고 나머지는 뒤에 한 줄로 선다.

4 족장은 선생님이 제시한 이야기를 듣고 그 내용을 몸으로 표현한다.

5 나머지 원시인들은 족장의 말과 동작을 그대로 따라서 표현한다.

모둠을 정한 뒤 각 모둠에서 표현력이 가장 좋고 대장 역할을 해보고 싶은 학생 한 명을 족장으로 선출하도록 했다(나서는 학생이 없다면 선생님이 대신 족장 역할을 해도 좋다). 그런 뒤, 각 모둠별로 표현할 문장을 족장에게만 제공하고, 모둠별로 돌아가면서 즉흥적으로 표현하도록 했다. 이때 제공하는 문장 내용은 당시 시대를 어느 정도 표현할 수 있도록 구성했다. 사냥하던 장면에서 돌을 쪼개 무기를 만들어봄으로써 뗀석기를 이해시켰고, 나무를 비벼 불을 만들어내던 힘든 과정도 경험하게 했다. 역사 수업 초반이라 앞으로 이 수업을 좀 더 좋아할 수 있도록 웃음이 유발될 수 있는 문장을 제시하기도 했다. 다음은 놀이에 활용했던 몇 가지 문장들이다.

- 배가 고파 함께 사냥을 나가서 돌도끼와 돌칼로 멧돼지를 잡아 힘들게 가지고 돌아온다.
- 나무를 구해와 불을 어렵게 피운 뒤 고기를 구워 맛있게 먹으며 기뻐한다.
- 먹었던 음식 중에 상한 것이 있어서 배가 아팠지만 약이 되는 풀을 먹고 괜찮아진다.
- 함께 모여서 휴식을 취하고 있는데 다른 부족이 먹을 것을 빼앗으러 왔지만 싸워서 승리한다.
- 비가 내리지 않아 함께 모여 기도하고 재물을 바치는데 마침 비가 내려 함께 춤을 춘다.

'원시인 놀이'부터 역사 수업을 진행한다면 각 모둠별 이름을 붙이도록 하자. 이때 호랑이 부족, 곰 부족, 태양 부족 등으로 지정한 뒤 여러 대결을 통해 하나로 통합하면 된다. 하나의 나라가 되면 족장은 '대족장' 또는 '왕', '왕검' 등으로 호칭을 붙이고, 모두가 그 한 사람을 따라 말하고 행동하는 활동으로 나아가 나라(고조선)를 만들 수도 있다.

족장의 말과 행동을 따라하는 원시인들

족장(대장 원시인)

"배가 고파 사냥을 나가 멧돼지를 잡아온다."

족장을 따라하는 원시인 부족들

족장(대장 원시인)

"함께 사냥을 한다."

02

고구려, 백제, 신라와
삼국통일

••

　고조선을 공부하고 나면 바로 고구려, 백제, 신라에 대해 공부해야 하는데 짧은 시간에 다뤄야 할 내용이 많다. 수업 시간의 한계가 있어 우선 각 나라의 전성기, 그리고 서로 치열하게 다투다 삼국통일이 되었던 흐름에 초점을 맞추었다. 역사 수업 초반이라는 점을 감안해 무엇보다 '어떻게 하면 아이들 스스로 역사를 공부하고 더 관심 갖도록 할 수 있을까?'를 고민했다. 그래서 이번 수업은 '기름진 한강 유역을 차지하라!'라는 프로젝트 방식으로 진행했다. 사회와 체육 수업을 함께 재구성해 삼국시대의 치열한 전투와 삼국통일의 과정을 경험할 수 있도록 했다.

세 나라의 건국과 왕의 탄생

　먼저 반 아이들을 세 나라로 나누어야 했다. 작은 종이에 각각 '고구려, 백제,

왕이 뽑혀야 할 텐데…

두근두근

고구려, 백제, 신라가
적힌 종이가 담긴 통

신라'를 적은 뒤 작은 통에 넣어 두었다. 각 나라 이름이 적힌 종이 중에는 '왕'을 한 장씩 표기했다.

"자, 이제부터 여러분은 고구려, 백제, 신라 세 나라로 나뉘어 삼국통일을 목표로 치열한 전투를 치르게 됩니다. 우리가 태어나기 전에 내가 살고 싶은 나라와 신분을 정할 수 없는 것처럼, 여기 뽑기통에서 뽑은 결과에 따라 내가 살 나라와 신분이 정해질 예정입니다. 어떤 결과가 나오든 내가 뽑은 나라와 신분에 동의했으면 합니다. 이걸 모두 약속해 주면 활동을 진행하겠습니다."

위 멘트와 함께 "뽑기 결과에 동의하겠습니다." "내가 태어난 나라를 위해 최선을 다하겠습니다." "어떤 왕을 만나든 왕에게 충성하겠습니다." 등을 함께 따라서 말한 뒤 한 줄로 서서 자신의 나라를 뽑았다. 각자 뽑은 나라별로 한 곳에 모이도록 한 뒤, 왕에게는 보자기 천을 이용해 망토를 두르게 해 신분이 다름을 보여주고 왕을 중심으로 앉도록 했다.

삼국의 전성기, 기름진 한강 유역을 차지하라!

삼국은 백제, 고구려, 신라순으로 전성기를 맞이하는데, 전성기에 모두 '한강 유역'을 차지했다는 공통점이 있다. 그래서 이를 기억하도록 '기름진 한강 유역'을 준비하고 싶었다. 고민 끝에 커다란 종합과자 선물세트를 주문했다. 과자 세트 상자 앞뒤에는 큰 종이에 '한강 유역'이라는 글자를 써서 붙였다.

세 나라가 구성되고 아이들이 자리에 앉자 나는 상자를 교탁 위에 올려놓았다. 상자 안에 과자가 가득 들어 있다는 말을 하니 아이들의 관심과 의욕이 높아지는 분위기였다.

"삼국은 기름진 한강 유역을 차지했을 때 전성기를 맞이했답니다. 여러분도 이 기름진 한강 유역을 놓고 이제부터 치열한 전투를 펼칠 예정이에요. 각 나라 백성과 왕은 똘똘 뭉쳐 최선을 다해 주세요."

이어서 앞으로 자기 나라 자랑대회, 장수들의 체력과 지혜 대결 등이 이어질 텐데, 각 활동마다 각각 점수가 부여되고 그 점수에 따라 한강 유역을 차지할 나라를 결정한다고 설명했다. 무엇보다 마지막 '지혜 대결'에서는 퀴즈를 풀어야 하는데, 선생님이 삼국시대와 관련해 설명했던 내용 중에서도 나오므로 집중해서 잘 들어야 한다고 강조했다.

"삼국은 한강 유역을 차지했던 때 번성기를 누렸답니다. 백제, 고구려, 신라 순서대로 한강 유역을 차지했는데, 우리 교실에서는 어떤 나라가 이 기름진 한강 유역을 차지하게 될지 정말 기대됩니다. 자, 파이팅을 외치고 시작해 볼까요?"

준호샘의 수업 팁

과자 세트는 생각보다 효과가 좋았다. 만약 앞서 소개한 활동처럼 과자 세트로 기름진 한강 유역을 설정한다면 삼국이 통일된 뒤 내용물을 공개하겠다고 하는 것이 좋다. 내용물을 공개하지 않았더니 아이들이 끝까지 기대감을 갖고 활동에 집중했다.

삼국의 대결 1 _ 자기 나라 자랑 대회

삼국 간의 첫 번째 대결은 자기 나라를 자랑하는 것이다. 먼저 교과서나 역사 관련 서적, 크롬북(우리 학교에는 크롬북이 비치되어 있는데, 태블릿 PC 등으로 인터넷 검색을 이용할 수 있으면 된다.) 등을 이용해 20분 정도 자신이 속한 나라에 대해 공부하도록 했다. 짧은 시간이지만 최대한 집중해서 학생들이 많은 지식을 쌓기를 바랐다. 학생들은 각 나라별로 공부하면서 알게 된 내용을 모으고 서로 가르쳐주면서 자랑할 것들을 발표할 수 있도록 준비했다.

자기 나라 자랑 대회 ────

1 자기 나라에 대해 공부할 시간을 갖는다. (시간과 방법은 학급 사정에 맞게 조
   정한다.)

2 문화재나 인물 또는 다른 나라를 이겼거나 뭔가를 전파했던 것 등의 자료
   들도 모은다.

3 왕과 백성이 모여 자기 나라의 자랑거리를 정리한다.

4 정해진 시간이 지나면, 자랑 순서를 정한 뒤 삼국의 백성이나 왕이 한 명
   씩 일어나 다른 나라 쪽을 향해 자랑거리 하나를 짧게 이야기한다.

5 "우리나라엔 ~한 일을 해낸 ~ 사람이 있어. 대단하지?"라는 방식으로 최
   대한 자랑을 한다.

6 삼국이 순서대로 돌아가면서 자랑을 하다가 더 이상 자랑거리가 없거나
   중복된 자랑을 하게 되면 탈락한다.

7 남은 나라는 자랑을 이어가다 마지막까지 자랑을 계속한 나라가 승리한다.

8 1위는 500점, 2위는 300점, 3위는 100점을 받는다.

공부를 마친 뒤 기름진 한강 유역을
차지하기 위해 각 나라의 왕과 백성들
은 사회 교과서와 역사 관련 책을 들고
한데 모였다. 학생들은 무척 집중해서
자료를 찾기 시작하더니, 나중에는 교

실에 비치된 크롬북까지 들고 와 교과서 외의 정보까지 찾기 시작했다. 알게 된 것을 서로 알려주면서 자랑할 순서를 정하기도 했고, 상대방보다 더 큰 목소리로 해야 한다거나 누가 더 발표하면 좋겠다는 등 활발한 대화가 오갔다. 그야말로 수업에 생동감이 넘쳤다.

이윽고 본격적인 나라 자랑 대회를 시작했다. 가장 먼저 왕이 자신에 대해 자랑을 하도록 했고, 그다음부터는 백성들이 한 명씩 일어나 나라 자랑을 하도록 했다.

고구려가 "우리 영토가 가장 넓어!"라고 하자, 신라가 벌떡 일어나 "우리는 너희 고구려를 668년에 멸망시켰지!!"라고 했다. 백제는 "우리가 가장 먼저 전성기를 맞이했고, 왜에 많은 문화를 전파하기도 했어!!!"라며 소리를 질렀다.

자기 나라 사람이 자랑을 하면 해당 나라의 백성과 왕은 크게 환호하도록 했다. (수업을 위해 감정이 좀 더 자극되도록 다른 나라 자랑에서는 엄지를 아래로 내리며 "우~"를 외치도록 했는데, 만약 다툼과 비난이 우려되는 교실이라면 자기 나라 자랑 뒤에 환호하고 손뼉 치는 것만 허락하는 것이 좋겠다.) 각 나라의 자랑 속에서 꽤 많은 내용이 나왔다. 정말인지 물으며 확인을 요청하는 바람에 실제로 자료까지 확인하는 일도 있었다.

　　나라 자랑은 한 사람이 계속해서 하지 않도록 했다. 평소 역사에 관심이 많은 학생이 있는 나라가 유리하기 때문이었다. 하지만 연속으로 발표하는 것만 막고 몇 번이든 일어나서 자랑하는 것은 허용했다. 역사적 지식이 많은 것은 마땅히 환호와 박수받아야 하는 일이고, 해당 학생의 자존감이 높아질 기회이기도 했다.

　　결국 우리 반에서는 평소 독서량이 많고 역사에 관심이 많았던 학생이 속한 나라가 승리했다. 승리한 나라의 백성에게는 뛰어난 활약을 보인 학생을 향해 엄지를 올려주도록 하면서 영웅으로 추대해 달라고 했다.

　　"여러분이 자신의 나라에 대해 공부하면서 자랑거리와 역사적 사실을 이렇게 많이 찾아냈다는 사실이 매우 기쁩니다. 자신의 나라에 대한 충분한 이해가 있어야 나라를 사랑할 수 있고, 그것을 토대로 나라를 지키기 위한 힘이 생기기 때문입니다."

활동을 마무리하며 앞으로 진행될 전쟁에서는 내 나라뿐만 아니라 다른 나라에 대한 지식과 정보가 필요한 것도 있으니 조금 전 나왔던 여러 내용을 잘 기억했으면 좋겠다는 당부를 남겼다.

삼국의 대결 2 _ 장수들의 힘 겨루기

삼국시대 장수들의 대결을 어떻게든 수업에 넣고 싶었다. 특히 김유신, 을지문덕, 계백 등은 역사적으로 중요한 인물이어서 함께 공부할 기회를 만들고 싶었다. 무엇보다 반 아이들 대다수가 힘과 몸을 활용한 활동을 좋아하기에 체육대회처럼 편을 나누어 응원하고 승부를 내는 활동으로 구성하고 싶었다. 앞으로 해야 할 역사 수업이 많으니 이런 활동이 앞으로도 계속될 것이라는 기대감을 심어주는 것도 목표였다.

활쏘기, 투호, 단체 제기차기로 힘과 기술을 겨루는 대결을 진행했다. 뭔가 새롭게 준비할 여유는 없었기에 교실과 교구실에서 눈에 보이는 도구, 그리고 집에 있던 아들의 장난감 활을 가지고 왔다. 대결에 대해 간단히 설명해 주고 각

활쏘기 ———

1 나라별로 활을 가장 잘 쏘는 장수를 한 명씩 선정한다.

2 삼국의 장수는 가위바위보 등으로 순서를 정하고 돌아가면서 활을 쏜다.

3 칠판에 원을 그리고 활을 쏠 지점도 정한다.

4 각 장수는 화살을 5발씩 쏘고, 원 안에 들어간 화살 수만큼 점수를 획득한다.

나라별로 대결에 나설 장수를 선정하도록 했다.

활을 쏘는 거리가 멀거나 과녁의 크기가 너무 작으면 활동이 어렵고 흥미가 떨어지기 때문에 점수가 잘 날 수 있도록 구성했다. 한 사람이 한 번에 5발씩 쏘기도 했고, 장수마다 한 번에 화살 하나씩 돌아가면서 쏘기도 했는데, 후자의 방식이 삼국 백성들의 긴장감과 몰입감을 더 높여주었다. 화살이 원 안에 명중할 때마다 해당 나라 백성은 만세를 부르고 장수를 껴안았다.

투호 ———

1 나라별로 창(화살)을 가장 잘 던지는 장수를 한 명씩 선정한다.

2 투호 통을 놓고 화살을 던질 지점을 정한다.

3 삼국의 장수는 가위바위보 등으로 순서를 정하고 돌아가면서 투호 통에 화살을 던진다.

4 통 안에 들어간 화살 수만큼 점수를 획득한다.

투호는 창 던지기를 대신해 진행했다. 활동을 하며 과거에는 활쏘기나 창 던지기가 전투에서 중요했다는 이야기도 들려주었다. 활쏘기와 마찬가지로 화살을 던질 지점을 투호 통과 가깝게 해서 점수가 잘 나도록 했다. 연습 없이 바로 투호를 하기 때문에 거리를 짧게 했어도 생각보다 점수가 잘 나오지 않았다. 그래서인지 하나가 들어갈 때마다 아이들의 환호가 컸다. 한 판을 진행한 뒤에는 장수를 바꾸고 거리를 조금 늘린 뒤 획득하는 점수도 함께 높였다.

준호샘의 수업 팁

투호 세트가 없다면 종이 박스에 공을 던져 넣거나 실내화를 던져 넣는 방식으로 진행할 수 있다. 실내화를 손으로 넣기도 하지만, 한 발에 실내화를 살짝 걸친 뒤 발로 휙 던져 넣어보는 것도 재미있다. '신문지 투호'(교실놀이백과 239, 306p)나 '훌라후프와 실내화'(교실놀이백과 239, 356p) 놀이를 활용해도 좋다.

장수들 간의 대결도 중요했지만 집단이 함께 벌판에서 전투를 진행하기도 했던 시대이기에 모두가 참여하는 단체 활동을 진행했다. 각 나라의 소속감도 높이고 싶었고, 마침 교실에 제기가 있어서 있는 것을 활용하고 싶었다. 아이들에게는 벌판에서 실제 칼과 창을 들고 다툴 수 없으니 '단체 제기차기'(교실놀이백과239, 268p)로 대신해 보자고 제안했다.

아이들이 제기 차는 것을 어려워해서 바로 진행하지 않고 나라별로 연습할

단체 제기차기 ——

1 왕과 백성들이 돌아가면서 제기를 찬다.

2 나라별로 찬 제기 수를 더한다.

3 더 많은 개수를 찬 나라가 이긴다.

시간을 주었다(제기차기 활동을 진행할 예정이라면 삼국시대를 공부하기 며칠 전부터 쉬는 시간에 제기를 찰 수 있도록 미리 기회를 제공하는 것이 좋다).

삼국의 힘 대결을 마치고 나서는 점수를 계산해 칠판에 적었다. 그리고 실제로 역사에서 각 나라별 장수는 누구였으며, 어떤 일이 있었는지를 교과서와 준비한 자료를 통해 공부했다. 학생들은 집중하면서 자료를 보았고, 자기 나라에 대해 좋은 내용이 나오면 뿌듯해했다.

삼국의 대결 3 _ 고백신 골든벨

자기 나라 자랑 대회를 통해 자신이 속한 나라에 대한 지식은 늘었지만 아무래도 다른 나라에 대한 지식은 부족하겠다는 생각이 들었다. 어떻게든 삼국시대 전반에 걸쳐 공부를 시키고 싶어서 '지혜 대결' 활동을 계획했다.

"나라별 전투와 다툼은 장수들의 대결도 중요하겠지만 지략과 정치 또한 매우 중요하단다. 상대방을 이기기 위해서는 상대에 대해서 잘 파악해야 하지. 우리가 했던 '나라 자랑 대회'는 내 나라에 대해서만 공부했기 때문에 편식하는 역사 공부라고 할 수 있단다. 그래서 이제는 골든벨 활동을 통해 다른 나라에 대한 지식도 겨뤄볼 거야."

이 활동은 앞의 활동에 이어서 바로 하지 않고 다음 날 진행하기로 했다. 공부할 기회와 시간을 충분히 주어야 골든벨 활동이 의미 있고 재미있겠다는 생각이 들었기 때문이다.

다음 날 사회 시간에 이 활동을 하겠다고 예고하고 열심히 공부해 오도록 했다. 그랬더니 쉬는 시간에도 책을 뒤적이며 나라별로 서로 모여 이야기를 나누는 풍경이 펼쳐졌다. 집에 가서도 부모와 삼국시대 이야기를 함께 나누고, 관련된 유튜브 영상을 시청하거나 문제집까지 풀었다는 학생도 있었다.

골든벨 활동을 하기 전, 나라별로 모여서 공부했던 내용을 서로 나눌 수 있도록 잠깐 시간을 준 뒤 '고백신 골든벨'을 진행했다.

고백신 골든벨 ───

1 일정 시간 동안 다른 나라에 대해 공부한다.

2 각 나라에 화이트보드 한 개와 보드마카펜 한 개를 제공한다.

3 문제를 듣고 왕과 백성이 머리를 맞대어 의논한 뒤 답을 적는다.

4 문제를 맞힐 때마다 점수를 획득한다.

5 모든 문제가 끝나면 획득한 점수를 더해 최종 점수로 승부를 낸다.

골든벨 문제는 교과서와 지도서 내용을 토대로 만들었으며, 지도서 단원평가 문제 등을 활용하는 것도 좋다. 다음은 수업에 활용했던 문제 예시이다.

- 고구려, 백제, 신라 삼국이 대립하며 성장할 무렵 낙동강 유역의 평야 지역에 있던 연맹 국가는? : **가야**
- 고구려의 재상 왕산악이 '진'에서 보낸 칠현금을 보고 만든 악기는? (왕산악이 이 악기를 연주할 때 검은 학이 날아와 춤을 추었다고 해서 한때 '현학금'이라 함) : **거문고**
- 향을 피우는 향로. 화려한 장식과 과학적으로 설계되어 안정감을 갖춘 백제시대 최고의 걸작으로 상상의 동물인 봉황과 용을 비롯하여 호랑이, 코끼리 등 42마리의 동물, 산책하는 신선, 폭포, 호수, 나무, 바위가 정교하게 표현된 유물은? : **백제금동대향로**

골든벨의 마지막 문제는 다소 어렵게 냈다. 교과서 내용을 토대로 전성기를 맞이한 나라를 순서대로 써보게 했고, 각 나라는 어디를 중심으로 나라를 세웠는지 등도 질문했는데 이를 모두 맞힌 모둠(나라)도 있었다. 문제가 끝날 때마다 교과서 진도에 해당하는 관련 역사를 설명했고, 이를 통해 삼국시대 전반에 걸쳐 다양한 지식과 정보를 학생들에게 전달할 수 있었다.

기름진 한강 유역을 차지한 나라는?

앞서 펼쳐졌던 여러 전투 결과에 따른 점수를 모두 합산했더니 다행히도 '신라'가 최종 승자였다. 이제 '기름진 한강 유역'의 세부 내용을 공개할 차례였다. 다양한 과자가 책상 위로 쏟아지는 순간 학생들의 눈길이 일제히 쏠렸다.

주문한 세트에는 과자가 28개 들어 있었다. 당시 21명이었던 반 아이들이 하

나씩 골라가고, 이긴 나라의 학생들
은 하나씩 더 가져갈 수 있도록 했다.
가장 먼저 신라가 과자를 골랐고, 그
다음으로 점수가 높은 나라 순서대로
과자를 고르도록 했다. 그리고 마지막
에 신라가 한 번 더 과자를 골라갈 수
있었다.

　각 나라별로 전투 공로에 따라 과자 고를 순서를 정하도록 했고, 아무리 공이
높은 사람이 있어도 왕이 먼저 고르도록 했다(이를 통해 나중에 왕권국가에 대해 좀
더 이야기를 나눠보고 싶었다).

　"여러분이 삼국에 대해 열심히 공부했던 모습이 정말 감동적이었습니다. 이
과정을 통해 무엇을 알게 되었나요?"

　마지막으로 질문한 뒤 포스트잇에 간단히 대답을 적어 칠판에 붙이도록 했
다. 이 내용을 토대로 교과서 중 배워야 할 부분, 활동하느라 빠졌던 내용을 소
개하며 삼국시대에 대한 공부를 마무리해 나갔다.

피구로 배우는 나당 연합군의 힘

　앞의 활동에서는 당나라가 신라의 통일 과정에 개입했던 부분이 빠져 고민
이 있었다. 나당 연합이 삼국통일에 어떤 영향을 미쳤는지를 활동으로 알려주
고 싶었다. 그래서 추가로 체육 한 시간을 재구성해 역사 수업을 진행했다.

　이번에는 널리 알려진 '고백신 피구'를 응용했다. 이 피구는 원형 피구 형태

를 응용한 것이다. 원을 3분할한 뒤 한 영역씩 고구려, 백제, 신라가 들어가 피구를 하는데, 서로 연합할 수도 있고 배신을 하기도 하는 피구다. 여기서는 당나라의 개입으로 다른 나라가 왜 멸망할 수밖에 없었는지를 이해하도록 피구규칙을 아래와 같이 변형해 진행했다.

고백신-당나라 피구 ———

1 반 아이들을 고구려, 백제, 신라 3팀으로 나눈다.

2 운동장에 커다란 원을 그리고 3분할한 뒤, 나라별 영역을 지정해 준다.

3 해당 나라 영토에서 피구를 시작한다.

4 공에 맞은 사람은 그 나라 밖으로 나가 당나라가 된다.

5 당나라는 신라와 한편이고, 백제나 고구려 중 아무 나라나 공을 던져 맞힌다.

이런 방식으로 피구를 하면 백제와 고구려는 당연히 질 수밖에 없었다. 결과가 뻔히 예상되는 방식이라 놀이 전에 미리 이 상황을 설명할 필요가 있었다.

"지금은 우리가 승부를 위해 피구 놀이를 하는 것이 아니라, 신라와 당나라가 연합해 생겼던 일을 피구를 통해 경험해 보는 데 목적이 있단다. 놀이가 끝난 뒤 어떤 생각이 들었는지 이야기해 주렴."

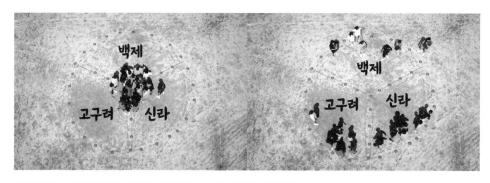

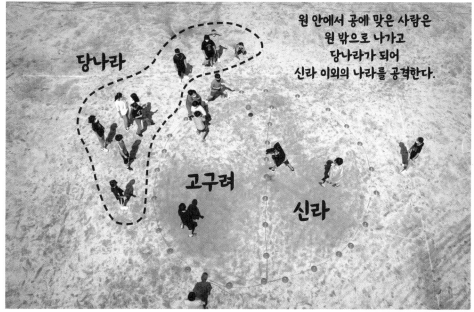

원 안에서 공에 맞은 사람은
원 밖으로 나가고
당나라가 되어
신라 이외의 나라를 공격한다.

초반에는 공이 원 밖으로 나갔을 때 그 나라 영역의 사람 중 한 명이 밖으로 나가 공을 가지고 와서 던지도록 했고, 나중에는 백제와 고구려 밖에서는 당나라 사람들이 공을 잡고 던지도록 했다. 먼저 멸망한 나라가 생길 때 그곳을 바로 신라 땅으로 하면 좋겠지만, 그렇게 되면 남은 한 나라가 너무 힘들 수밖에 없어 멸망한 나라를 다시 2등분해 신라와 남은 나라로 나누어 2분할 피구로 진행했다. 그래도 남은 나라는 신라에 질 수밖에 없었다. 불합리하다는 의견이 많아 다음 놀이에서는 신라 밖에 백제와 고구려를 한 명씩 배치해 신라를 공격할 수 있도록 했지만 그래도 승리는 신라였다.

장수들에 대한 이야기도 중요해서 나라별로 김유신과 계백 등을 정하고 여러 번 맞아야 죽게 되도록 규칙을 응용한 '천하무적피구'(강당운동장놀이189, 236p)의 속성도 결합해 진행했더니 수업은 더욱 재미있었다. 하지만 어떻게 응용해서 진행하더라도 당나라가 개입하다 보니 신라가 이길 수밖에 없는 결과를 가져왔다.

활동이 끝난 뒤 아이들에게 소감을 물었다. 아무리 잘하려고 해도 신라와 당나라가 함께 공격하니 이기기가 힘들다고 했다. 그래서 "당시 멸망한 나라 사람들의 마음은 어땠을까? 그다음 역사는 어떻게 이어질까?"라는 말과 함께 다음 역사 수업으로 자연스럽게 연결되도록 했다. 피구를 마친 뒤에는 교실에서 신라와 당나라의 관계에 대해 공부하고 관련 영상을 함께 보면서 삼국시대 공부를 보충했다.

03

후삼국 통일과
고려 건국

• •

    이번 수업에서는 왕건과 궁예의 관계, 그리고 궁예가 신하를 의심하고 죽였던 공포 정치의 모습을 다루고자 했다. 특히 앞서 만들어낸 역동적인 수업 분위기가 끊기지 않으면서 또 다른 느낌으로 후삼국 통일까지 이어가고 싶었다.

    인물의 특징과 사건의 흐름을 살펴보면서 적용 가능한 놀이를 떠올리고 어떻게 변형하여 적용할 수 있을까를 고민했다. 그렇게 해서 '후삼국 통일' 관련 프로젝트가 마련됐다. 왕건이 궁예를 몰아내 고려를 세우고, 신라가 고려에 갑작스럽게 항복한 뒤 고려가 후백제를 물리쳐 후삼국을 통일하는 과정까지 수업에 담았다.

궁예의 폭정으로부터 살아남으려면?

    한때 승려였던 후고구려의 궁예는 새로운 구세주라는 '미륵불'을 자처하면서 신하들을 의심하며 죽이고 호족들을 억압했다. 많은 사람이 궁예의 극심한 눈치를 봐야 했다는 내용을 보면서 '모서리 게임 3탄(핵폭탄 25시)'(교실놀이백과 239, 88p)이 떠올랐다.

이 놀이는 교실 네 귀퉁이에 학생들이 모여 있을 장소를 정해 놓고 핵폭탄이 한 곳에 떨어질 것이라는 가정하에 진행된다. 학생들이 한 곳으로 이동해서 있으면 술래가 4장의 종이 중 1장을 뽑는다. 술래가 뽑은 종이에 적힌 장소에 서 있던 학생들은 놀이에서 아웃되는, 그야말로 운으로 끝까지 살아남아야 하는 서바이벌 놀이다. 이번 수업에서는 제멋대로인 궁예로부터 살아남기 위해 눈치껏 장소를 선택해야 하는 방식으로 살짝 변형하여 진행했다.

궁예로부터 살아남기 ——

1 궁예 역할을 할 학생 한 명을 뽑는다.

2 교실 네 귀퉁이 장소를 지정해 준다. (예 : 교실 앞 왼쪽은 1번, 오른쪽은 2번. 교실 뒤 왼쪽은 3번, 오른쪽은 4번)

3 모두 후고구려 백성이라고 가정하고, 궁예로부터 살아남을 수 있도록 네 귀퉁이 중 한 곳을 선택해 피하도록 한다.

4 정해진 시간(약 10초)이 지나면 더 이상 움직일 수 없다.

5 궁예는 접혀 있는 4장의 종이 중 1장을 뽑고, 번호와 함께 그곳의 문장을 읽는다.

6 해당 번호에 서 있던 후고구려 백성들은 궁예 뒤쪽(감옥)으로 이동한다.

7 궁예는 기분에 따라 1~2명을 부활시켜줄 수 있다.

8 남은 백성들은 다시 궁예로부터 살아남기 위해 네 귀퉁이 중 한 곳으로 이동한다.

9 계속 반복한 뒤, 살아남은 백성과 감옥에 갇혀 있던 백성들에게 느낌과 소감을 물어본다.

놀이가 진행될수록 아이들은 이 놀이가 어이없다고 했다. 아무 이유 없이 감옥에 갇히는 것도, 감옥에 갇혔지만 궁예의 기분에 따라 더 갇혀 있기도 하고 살아나기도 하는 것이 황당하다고 했다.

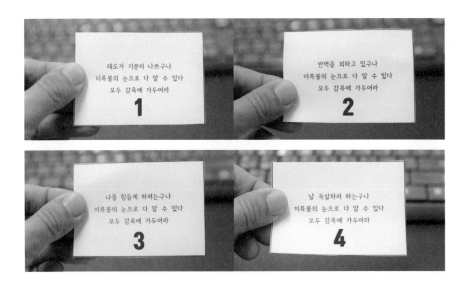

학생들은 실제로 궁예가 그랬는지 궁금해했다. 그래서 잠깐 공부할 시간을 주었더니 관련 영상과 자료를 찾아보기 시작했다. 자료를 찾아본 아이들은 "장난 아니네!"라면서 궁예 같은 사람이 있으면 살기 힘들겠다는 말을 했다. 나중에는 "누가 기침 소리를 내었느냐!"라며 교실에서 한동안 궁예 흉내를 내는 아이들이 생기기도 했다.

목숨을 건 왕건의 선택

"억압받던 호족은 더 이상 궁예와 함께 할 수 없어 왕건과 함께 궁예를 몰아낼 생각을 했단다. 그러던 어느 날 궁예가 왕건을 바라보며 '나에게 반역을 꾀한 적이 있느냐?'라는 질문을 했지. 어떻게 됐을까?"

아이들 중 한 명을 뽑아 궁예 앞에 앉히고 왕건 역할을 주었다. 그리고 궁예 역할을 맡은 학생에게 "네가 감히 나에게 반역을 꾀한 적이 있느냐?"라고 말하도록 했다. 왕건 역할을 맡은 학생에게 "대답을 잘못하면 죽을 수도 있는데 뭐라고 답하면 좋을까? 과거에 실제로 왕건은 뭐라 대답했을까?"라고 하자 왕건 역할의 학생은 쉽게 답을 하지 못했다.

후고구려 백성이 된 반 아이들에게 내가 왕건이라면 어떤 선택을 했을지 생각해 보라고 했다. 그리고 답을 잘못하면 죽을 수도 있었던 질문이라고 이야기하고 "네, 반역을 꾀한 적이 있습니다." "아니요, 반역을 꾀한 적이 없습니다." 중 하나를 선택해 왕건 뒤쪽으로 구분한 영역에 앉도록 했다. 아이들은 절반 정도로 나뉘어 왕건 뒤에 앉았고, 실제 결과가 어떠했는지 무척 궁금해했다.

"왕건은 반역을 꾀한 적이 있다고 해서 살았단다. 왜냐하면 궁예는 미륵불의 눈으로 모든 것을 알 수 있다고 했는데, 궁예가 뜻하는 대로 대답을 하지 않았다면 왕건은 죽었을지도 몰라. 우린 교실에서 재미로 선택을 했지만 당시엔 선택이 죽음과 연결되기도 했단다. 정말 모든 것을 걸어야 했지."

반 아이들과 대화를 나누고 왕건과 궁예에 대한 자료를 함께 살펴봤다. 이후

호족들이 왕건과 힘을 모아 궁예를 몰아내기로 결심하게 된 흐름을 간단히 재연했다. 후고구려 백성 역할을 하고 있던 반 아이들 모두를 왕건 뒤에 세우고, 혼자가 된 궁예를 조금씩 조금씩 교실 문 앞쪽으로 밀어내면서 궁예를 추방시켰다. 그런 뒤 왕건을 중심으로 모여 새로운 나라를 세우고, '고려'라는 이미지를 몸을 이용해 만들어보도록 했다.

후삼국 대결과 통일

고려를 세운 뒤 고려가 삼국을 통일하는 과정을 진행해야 했다. 다시 반 아이들을 모두 해체한 뒤 후고구려(고려), 후백제, 신라를 정해 삼국통일을 위한 전투를 진행하겠다고 했다. 전투라는 말에 아이들은 환호했다. 궁예 관련 활동에 시간을 많이 보냈기에, 가능하면 짧게 신라가 고려에 스스로 항복하고 고려가 후백제를 물리쳐 후삼국을 통일한 흐름을 수업으로 진행해야 했다. 나라별 모둠 구성에는 '왼발을 들고 콩콩콩'(교실놀이백과239, 130p)을 활용했다.

후삼국 정하기 ——

1 자유롭게 돌아다니다가 누군가와 만난다.

2 "왼발을 들고 콩콩콩, 오른발을 들고 콩콩콩, 앞으로 갔다 뒤로 갔다 가위
   바위보!" 노래에 맞춰 가위바위보를 한다.

3 진 사람은 이긴 사람 뒤에 (어깨나 허리를 잡고) 선다.

4 이렇게 만들어진 팀은 다른 팀을 만나 노래에 맞춰 가위바위보를 한다.

5 세 무리가 될 때까지 놀이를 계속한다.

6 각각 고려, 후백제, 신라라고 이름을 붙여준다.

가위 바위 보!

진 사람은 이긴 팀 뒤로 이동

세 나라가 만들어진 뒤에는 왕을 뽑도록 했다. 왕에게는 보자기 천을 망토로 두르게 했고, 왕은 두 손에 '후삼국 통일'이라는 종이를 들고 있도록 했다.

"후삼국 통일은 각 나라의 최종 목표란다. 진 나라는 이긴 나라에 한쪽 무릎을 꿇고 이걸 공손하게 건네면서 항복해야 해."

후삼국 대결은 '힘 겨루기' 특성을 가진 놀이들을 적용했다.

먼저 '4인 줄다리기'(교실놀이백과239, 358p)를 변형해 '삼국 줄다리기'를 진행했다. 각 나라별로 힘이 가장 센 장수를 뽑은 뒤 공간 가운데에 자리하도록 했다. 그동안 나는 보자기 천 두 개를 묶어 기다란 고리 형태로 만들고 장수들에게 삼각형 형태로 잘 잡도록 한 뒤 줄다리기를 준비했다.

삼국 줄다리기 ─────

1 공간 정중앙에 고리 형태로 만들어진 천을 둔다.

2 각 나라의 장수는 천을 한쪽씩 잡고(삼등분으로 나누어) 몸은 자신의 나라 쪽으로 향한다.

3 각 나라의 왕은 '후삼국 통일'이란 종이를 들고 선다. 이때 각 장수와 왕 사이의 거리를 동일하게 한다.

4 신호에 맞춰 자기 나라 왕 쪽으로 천을 잡아당기며 전진한다.

5 장수의 머리가 자신의 나라 왕이 들고 있는 종이에 닿으면 승리한다.

'삼국 줄다리기'는 각 나라의 장수가 한 번 한 뒤, 또 다른 장수가 나와서 겨루는 방식으로 세 번 진행했다. 점수는 이긴 횟수에 따라 부여됐다. 누가 장수가 됐느냐에 따라 다른 나라에서 장수 선정을 바꾸는 경우가 있어 "하나 둘 셋" 하면 동시에 줄다리기할 장수만 일어서기로 했다. 장수를 공개하는 순간 터져 나오는 여러 반응도 재미있었다. (마지막에는 왕의 대결로 왕들이 백성들을 향해 줄다리기를 하는 방식으로 응용해도 좋다.)

두 번째 대결은 각 나라 장수들의 닭싸움으로 전투를 진행했다. 세 번의 닭싸움을 했는데 장수들이 각자 대결을 벌이기도 했지만, 나라와 나라가 연합해 한 나라를 공격했다가 연합을 깨고 서로 대결도 하는 등 다양하게 진행했다. 최종 승리한 나라가 더 많은 점수를 획득하도록 해 앞선 활동에서부터 점수를 더했다.

최종 전투는 각 나라 모두가 닭싸움에 참여하는 '대전투'를 진행했다. 이때는 각 나라의 '왕'을 활용한 '여왕 닭싸움'(교실놀이백과239, 498p)을 적용했다. 이 놀

후삼국 닭싸움 ──

1 모두가 닭싸움을 한다.

2 다른 나라 모두를 쓰러뜨리면(두 발이 바닥에 닿으면) 이긴다.

3 또는 다른 나라의 '왕'을 먼저 쓰러뜨려도 이긴다.

4 이를 위해 공격하는 사람과 왕을 보호하는 사람을 정하고, 상대 나라를 이길 수 있는 작전을 짤 수 있는 시간을 준다.

5 일정 시간이 지나면, 신호에 맞춰 모두 닭싸움을 시작하고 가장 마지막까지 남아 있는 나라가 이긴다.

이는 집단 닭싸움으로 여왕을 먼저 쓰러뜨리거나 상대팀 모두를 쓰러뜨리면 승리한다. 중간에 넘어진 사람이 있으면 다치지 않도록 모두 멈추기로 약속했다.

교실을 세 지점으로 나누어 닭싸움을 준비시키고 작전까지 다 짠 뒤 '시작' 신호만 기다리던 아이들에게 다음과 같이 이야기했다.

"지금은 놀이나 체육 시간이 아니라 과거 역사 이야기의 일부를 여기에서 재연하는 활동입니다. 이렇게 후삼국이 서로 다투던 당시에 중요한 일이 있었는데, 바로 신라가 갑자기 고려에 항복을 한 겁니다."

나는 신라 왕에게 한쪽 무릎을 꿇고 (뒤에 있던 모든 신라 백성도 무릎을 꿇고) 손에 들고 있던 '후삼국 통일'이란 종이를 고려에 바치도록 했다. 당연히 신라 학생들이 싫어했지만 당시 신라의 역사를 담은 자료를 소개하면서 "역사에서는 그렇게 되었단다. 이제 너희 모두는 고려 군사가 되어 함께 싸우는 거야."라며 진정시켰다.

이렇게 해서 고려와 후백제 간의 '여왕 닭싸움'이 시작되었다. 고려는 후백제보다 인원이 훨씬 많아 닭싸움에서 유리할 수밖에 없었고, 결국 왕을 먼저 쓰러뜨려 후백제를 멸망시켰다. 전투에서 패한 후백제 왕은 손에 들고 있던 '후삼국 통일'이란 종이를 고려에 건네고, 모든 종이를 모은 고려는 후삼국 통일이라는 목표를 달성했다.

왕건을 가운데 세우고 모두 모이게 한 뒤 "자, 이렇게 삼국을 통일한 고려가 탄생했습니다."라며 나라 이미지를 만들어보도록 했다. 기념 사진을 찍고 모두 교실 바닥에 앉도록 한 뒤 간단히 소감을 들어봤다. 이와 함께 고려 통일의 과정을 교과서와 관련 자료를 통해 추가로 설명했다.

 준호샘의 수업 팁

통제가 가능한 교실이라면 닭싸움이 가능하지만 이런 활동이 걱정되는 선생님이라면 좀 더 안전하고 차분한 놀이를 골라서 진행해도 좋다. '액션 가위바위보'(강당운동장놀이189, 90p), '쌍권총 하나 빼기'(교실놀이백과239, 484p), '천 씨름'(교실놀이백과239, 342p) 등 어떤 놀이든 스토리를 입히고 관련된 역사 이야기를 들려주면 얼마든지 역동적인 수업을 만들 수 있다.

수업이 끝나고 나서 돌이켜보니 '후삼국 통일'이란 종이를 상대 나라에 건네는 의식적인 행위가 중요하다는 생각이 들었다. 당시에 항복했던 사람들의 마음도 이를 통해 알 수 있었고, "종이가 당시 '영토'라고 생각해 보자."는 말로 관련된 이야기를 더 진행할 수 있어서 좋았다.

04

거란의 침입과
귀주대첩

● ●

거란은 고려가 송과 관계를 끊고 자신들과 교류하기 원했지만 여전히 송과
만 교류하는 고려가 못마땅해 고려에 침입한다. 이런 과정이 마치 여학생들 사
이의 관계에서 생기는 일과 비슷하다는 느낌을 받았다. 그래서 이를 연극 방식
으로 인물에 투사해 살펴보면 좋겠다는 생각이 들었다. 국가 간의 갈등, 침략과
전쟁을 다루며 생활 지도도 함께 할 수 있는 기회였다. 수업에서는 거란을 무찔
렀던 귀주대첩을 교실 속에서 놀이로 어떻게 재연하면 좋을지 고민하고 진행
했다.

송, 고려, 거란의 삼각 관계

송, 고려, 거란의 삼각관계 갈등을 보여주고자 이를 간단한 연극적 상황으로
재연했다. '이야기 체험하기'(교실놀이백과239, 416p)는 대본 없이 상황을 즉흥적

으로 바로 만들어낼 수 있어서 국어, 도덕 등 여러 교과에 활용해 왔던 교육 연극 기법이다. 내가 한 문장을 이야기하면 아이들이 그에 맞춰 몇 초간 즉흥적으로 상황을 보여주고 말하면 되는 간단한 활동이다.

이야기 체험하기 ──

1 선생님이 간단한 문장을 불러준다.

2 학생들은 문장의 상황을 즉흥적으로 표현한다.

3 예를 들어, 선생님이 '길을 가다 돈을 발견했습니다.'라고 말하면

4 각자가 떠올린 방식으로 길을 가다 돈을 발견하는 상황을 즉흥적으로 몇 초간 표현하고 멈춘다.

반 학생들 중 세 명을 뽑아 송, 고려, 거란 역할이라고 이름을 붙이고 보자기 천을 어깨에 둘러 색으로 각 나라를 구분했다.

"송과 고려는 무척 친했답니다."

이 문장을 말하고 나서 송과 고려 역할의 학생들에게 손을 잡고 돌기도 하고, 간단한 놀이를 하면서 깔깔대도록 했다.

"그 모습을 본 거란은 고려와 놀고 싶었습니다."

거란 역할의 학생에게 고려에 함께 놀자고 외치도록 했다.

"하지만 고려는 거란과 놀지 않기로 마음을 먹었습니다. 거란은 발해를 멸망

시킨 나라이기 때문이지요."

고려에 거란 쪽을 보며 "싫어!"라고 말하고 송과 더 신나게 놀도록 했다.

"그 모습을 본 거란은 고려에 다가가 멱살을 잡았습니다."

이 장면이 진행될 때 잠시 멈추고 아이들에게 이야기했다.

"이게 침입이란다. 이때 고려는 항복할지 싸워야 할지 고민이 많았는데 그때 서희라는 분이 거란을 만났단다."

서희 역할 학생 한 명을 뽑아 고려와 거란 사이에 세우고 서희에게 대사를 주었다.

"함께 놀고 싶어도 여진이 땅을 차지해 가로막고 있어 너희랑 놀 수 없잖아. 안 그래?"

그리고 거란에 이렇게 말하도록 했다.

"내가 그럼 강동 6주를 줄 테니 송 말고 나랑 놀자."

천을 이용해 거란이 서희에게, 서희는 고려에 땅(강동 6주)을 건네도록 하고 서희 역할의 학생은 자리로 돌려보냈다.

"하지만 고려는 여전히 송과 친하게 놉니다."

송과 고려 역할의 학생에게 예전보다 더 신나게 놀도록 했다. 둘이 술래잡기도 하고 손을 잡고 빙글빙글 돌기도 하는 동안 거란은 "나랑 놀기로 했잖아!!"라면서 화를 내도록 했다.

"고려에 화가 난 거란은 다시 고려의 먹살을 잡았습니다."

이 장면에서 잠시 멈추고, 이렇게 다시 거란의 침입이 시작되었다는 이야기를 했다.

이 과정을 함께 재연한 뒤 아이들과 이야기를 나누었다.

"교실에서 잘 지내다가 서로 다툼이 있는 것처럼 이렇게 나라 사이에서도 사람처럼 다툼이 생기기도 한단다. 친구 사이엔 작은 다툼이겠지만 나라 사이엔 수많은 죽음이 생길 수 있는 큰 다툼으로 이어지지."

함께 사회과부도를 꺼내 거란, 고려, 강동 6주의 위치를 살펴보았다. 그런 다음 교과서를 펼치고 해당 부분까지 함께 읽고 관련 영상을 본 뒤 귀주대첩을 설명했다.

"거란의 3차 침입 때 강감찬 장군이 크게 승리했던 '귀주대첩'이 있었단다. 우리 역사에서 '대첩'이라고 이름 붙인 큰 전투, 큰 승리가 있었는데 그중 하나란다."

그리고 이제 귀주대첩을 놀이로 재연해 보기로 했다.

준호샘의 수업 팁

내레이션을 할 때는 마이크를 사용했고, 그 외에 역사 이야기를 설명하거나 인터뷰를 할 때는 마이크를 사용하지 않았다. 그러면 교사가 하는 말 중 어떤 부분에서 연기를 해야 하는지 학생들이 명확하게 알고 활동할 수 있다.

놀이로 체험하는 귀주대첩

교과서에 소개된 귀주대첩의 내용을 보면, 거란과 고려가 싸우다 승패를 결정짓지 못했는데 '갑자기 비바람이 남쪽에서 불어와 깃발이 북쪽을 가리켰다'는 내용이 나온다. '북풍에서 남풍으로 바뀌며 고려군은 그 기세를 타고 용기백배해 격렬히 공격해 이겼다'는 부분에 초점을 맞추어 '바람'과 관련된 놀이를 활용하기로 했다.

'풍선대결'(강당운동장놀이189, 316p) 놀이는 풍선에 부채질을 해 바람의 힘으로 상대와 겨루는 활동이라 귀주대첩 승리와 관련된 흐름을 재연하기에 좋았다.

풍선 귀주대첩 ────

1 반 아이들을 두 팀으로 나누어 각각 고려와 거란 역할을 맡게 한다.

2 교실 바닥에 테이프를 붙여 교실을 두 영역으로 나눈다.

3 중앙에 풍선을 가득 불어놓고 그 뒤에 고려와 거란이 작은 부채(없으면 교과서)를 들고 마주 보고 선다.

4 선생님의 시작 신호와 함께 부채질로 풍선을 상대방 영역으로 보낸다.

5 정해진 시간이 지난 뒤, 풍선이 적은 쪽 나라가 승리한다.

두 팀으로 나누어 고려와 거란으로 정하고, 교실 바닥 중앙에 테이프로 선을 긋고 풍선을 가득 불어놓았다. 그런 뒤 손에 들고 있던 도구를 이용해 부채질하고, 풍선을 상대 공간 쪽으로 보내도록 1분씩 두 번을 진행했다.

"이제 거란의 3차 침입 때 고려가 어떻게 이겼는지 살펴보기 위해 대결을 할 거란다. 그래서 놀이 규칙을 변형할 텐데 승부가 어떻게 나는지 경험해 보고 역사 사건과 연결해 보면 좋겠구나. 당시 바람의 방향이 바뀌어 고려에 굉장히 유리해졌단다."

마지막 게임을 하기에 앞서 나는 고려 역할의 학생들에게 교과서를 내려놓도록 하고 커다란 화이트보드 판을 주었다. 그리고 "거란은 불리해졌지."라고 말한 뒤 거란 역할의 학생들 중 절반은 교과서를 내려놓고 손부채질을 하도록 했다.

"자, 전투 결과는 어떻게 됐을까?"

그렇게 마지막 놀이를 진행했다. 전투는 고려가 승리할 수밖에 없었고, 고려역할의 학생들은 만세를 부르며 뛰어다녔다.

활동이 끝난 뒤 귀주대첩에 대해 함께 글을 읽고 자료를 살펴보았다. 활을 쏘며 전투를 치르기 때문에 바람이 중요했다는 사실에서부터 강감찬 장군과 귀주대첩의 또 다른 이야기들까지 몰입하며 공부했다. 무기의 차이가 승부를 바꾸기도 하고, 자연 현상이 크게 영향을 미쳤다는 이야기도 덧붙였다.

준호샘의 수업 팁

　시간이 부족하다면 아이스크림 막대를 이용해 바로 팀을 나누는 것이 좋다. "무엇을 뽑든 결과에 동의합니다."라는 말을 함께 따라한 뒤 바로 막대를 뽑아 팀을 나눈다.

팀 나누기 영상

　또한 학년 초에 학급 운영비로 풍선을 넉넉하게 구매하면 필요할 때 바로바로 사용할 수 있어 유용하다. 아이들이 풍선 불기를 생각보다 힘들어 하므로 풍선 펌프도 함께 구입해 놓기를 권한다. 풍선을 묶는 것도 어려워하는데 잘 묶는 아이들을 중심으로 모둠을 구성하는 것도 좋고, 수업 전에 반 아이들과 미리 풍선을 불어놓고 역사 수업에 들어가는 것도 좋다.

05

몽골의 침입과
처인성 전투

● ●

몽골은 세력이 강해지자 주변 나라를 침입하고 고려에도 물자를 바칠 것을
요구한다. 교과서를 보면 고려가 도읍을 개경에서 강화도로 옮기고 몽골과 싸
웠다는 내용이 너무 간략하게 나와 있어 어떻게 가르쳐야 할지 다소 막막했다.
그래서 도읍을 강화도로 옮기게 된 이유와 처인성 전투의 승리에 초점을 맞춰
활동을 진행한 뒤 관련 공부를 했다.

주변 나라를 괴롭힌 몽골의 만행

주변 나라에 물자를 바치라고 무리하게 요구하는 몽골의 모습이 마치 우리
사회에서 폭력과 행패를 부리는 못된 무리들과 흡사하게 느껴졌다. 그래서 앞
선 거란 수업에서처럼 이 과정을 '이야기 체험하기'(교실놀이백과239, 416p) 기법
으로 사람에게 투사해 관계 이야기로 진행했다.

한 명을 뽑아 몽골 역할을 하도록 하고, 그 뒤에 힘센 부하들 세 명을 붙였다. 오른쪽엔 주변 나라에 해당하는 세 명을 앉히고, 왼쪽엔 고려 역할의 학생 한 명을 세우고 내가 말하는 문장에 따라 즉흥적으로 활동을 진행하도록 했다.

"몽골은 엄청난 힘을 지녔고 무서운 존재였습니다. 주변 나라에 좋은 것들을 내놓으라고 협박했지요."

몽골 패거리들에게 주변 나라 쪽으로 이동해 두 손을 크게 위로 올리게 하고 "다 내놔!!"라고 무섭게 소리도 지르도록 했다.

"주변 나라들은 살기 위해 몽골에 금도 주고 은도 주면서, 그리고 눈치 보면서 아부하기 시작했지요."

주변 나라 역할의 학생들에게 여러 색깔 천을 주고 그걸 몽골에 바치도록 했다. 이 모습을 보고 있는 반 아이들에게 몽골이 어떻게 보이는지 물었다. 그러자 "깡패들 같아요!" "영화에 나오는 무서운 아저씨 같아요." 등의 답을 했다.

나는 한쪽에 있는 '고려' 쪽으로 다가가 "몽골이 주변 나라의 물건을 빼앗는

모습을 보니 어떤 생각이 드나요?"라고 물었다. (이는 교육연극 중 인터뷰 기법으로, 역할을 맡고 있는 학생은 선생님의 질문을 듣고 내가 그 상황이라면 어땠을까를 떠올려보면서 즉흥적으로 답한다.) 그랬더니 '고려 역할'의 학생은 무섭고 나도 저렇게 당할 것 같다는 생각이 든다고 말했다.

이번엔 몽골 역할을 하는 학생들에게도 물었다.

"몽골이 무섭게 하니까 주변 나라들이 뭔가를 막 주네요. 어떤 생각이 들어요? 앞으로 어떻게 하고 싶죠?"

그러자 더 빼앗고 싶고, 자신이 뭔가 대단하고 힘 있게 느껴진다고 했다.

한 걸음 뒤로 나와 계속해서 활동을 이어갔다.

"재미를 붙인 몽골은 고려의 물건을 빼앗으러 갑니다."

몽골 역할을 하는 학생들에게 고려 쪽으로 다가가 에워싸고 금과 인삼을 내놓으라고 강요하도록 했다.

"하지만 고려는 몽골 쪽을 바라보며 '하지 마!'라고 크게 외쳤지요."

나는 몽골 쪽에 다가가 이제 어떻게 하고 싶은지 물었다. 그러자 여전히 더 빼앗고 싶고 "고려 네가 뭔데?"라는 답이 돌아왔다.

"몽골의 상대가 되지 못한다는 것을 알아차린 고려는 세 걸음 도망갑니다."

이번에도 몽골 쪽에 다가가 어떻게 하고 싶냐고 물었다. 그러자 몽골은 끝까지 쫓아가서 뺏고 싶다고 했다.

"고려는 몽골이 쫓아올 수 없는 강화도로 피했습니다."라고 말한 뒤, 고려 역할의 학생을 교실 뒤쪽으로 보냈다. 그 앞에는 보자기 천을 몇 개 깔아놓고 거센 '물살이 있는 바다'라고 했다.

"몽골은 강화도 앞까지 말을 타고 쫓아가지만, 바다 앞에서 멈출 수밖에 없었습니다. 그 모습을 본 고려는 크게 웃기 시작합니다."

다시 몽골 쪽으로 다가가 어떻게 하고 싶냐고 물어보니 화가 나서 때려주고

부글부글

야 오르지?

못 건너오지?

하하하

물살이 센 강화도 앞바다

싫다고 답했다. 마지막으로 반 학생들 쪽으로 고개를 돌려 이야기했다.

"그래서 몽골은 강화도 밖 고려 백성들을 죽이기 시작했고, 문화재를 태우는 등 파괴적인 행동을 했단다."

활동을 마치며 몽골의 만행에 대해 디지털 교과서를 활용해 관련 내용을 함께 살펴봤다. 그렇게 고려가 강화도로 피할 수밖에 없었던 이유, 유목 민족인 몽골의 특징 등을 알려주고 관련 자료를 함께 공부했다. 교실에서도 이와 비슷한 일이 생기기도 하는데, 괴롭힘이나 놀림 등이 또 다른 폭력으로 이어질 수 있다는 말도 역사 내용에 덧붙여 이야기할 수 있었다.

몽골군을 격퇴시킨 처인성 전투

몽골군의 행패를 보던 고려 백성들은 힘을 다해 몽골군과 싸웠다. 그중에서도 '처인성 전투'를 교실에서 재연해 보자고 했다. 처인성 전투는 몽골의 2차 침입 때 김윤후와 백성들이 몽골군을 물리친 전투인데, 몽골의 장수 살리타를 김윤후가 활로 쏴 죽이면서 승리하였다.

'손바닥 찌르기'(교실놀이백과239, 106p) 놀이를 활용하면 처인성 전투의 특징을 살릴 수 있겠다는 생각이 들어 이 놀이를 변형해 적용했다. 기본 형태는 두 팀으로 나누어 진행하는데, 손가락으로 상대방 등의 왼손바닥을 찌르는 간단하면서도 역동적인 놀이다.

처인성 전투 놀이 ────

1 반 아이들을 두 팀으로 나눈 뒤 고려와 몽골로 이름 붙인다.

2 교실 양쪽 벽에 각 나라끼리 모여 선다.

3 모두 왼손을 편 상태로 등 뒤에 댄다. (등 뒤의 손은 뗄 수 없다.)

4 오른손은 검지를 펴고 찌를 준비를 한다.

5 신호가 떨어지면 돌진해 상대편의 등 뒤에 있는 손바닥을 찌른다.

6 손바닥이 찔리면 전투에서 전사한 것으로 약속하고 교실 가장자리로 이동한다.

7 상대팀 손바닥을 모두 찌르거나 일정 시간이 지난 뒤 남아 있는 사람 숫자로 승패를 가른다.

처인성 전투는 몽골의 장수 '살리타'와 고려의 '김윤후'가 매우 중요한 인물이다. 그래서 몽골 역할을 하는 학생 중에서 한 명을 뽑아 '살리타' 역할을 주고, 고려 중에서 한 명을 뽑아 '김윤후' 역할을 주었다. 색깔이 다른 보자기 천을 망토로 두르도록 해 누구인지 알아볼 수 있도록 구분했다.

'손가락 찌르기' 활동이 진행되면 김윤후 역할의 학생은 손가락으로 찌르는 대신 보자기 천을 던질 수 있다고 했다. 그래서 보자기 천을 여러 개 주고 활쏘기를 대신하는 것이라 했다(보자기 천이 부족하면 신문지 뭉치로 해도 된다). 대신 김윤후는 손바닥이 등에 없으니 몽골군에게 등이 찔리면 전사한다는 약점을 조건으로 했다.

준호샘의 수업 팁

놀이를 시작하기 전에 손가락은 함부로 찌르는 게 아니라 결정적일 때 찌르고 상대방이 다치지 않도록 유의하자고 약속한 뒤 시작했다. 무엇보다 얼굴이 다치지 않도록 손가락을 어깨 위로 올리지 않기로 했다. "승부를 위한 놀이가 아닌, 역사 사건 속 흐름을 살펴보는 놀이이니 승부에 너무 민감해하지 않겠습니다."라는 말을 따라하도록 한 뒤 시작했다.

전투가 진행되자 서로 등을 대면서 찔리지 않기 위해 전략을 짜내기도 하고, 틈을 노려 상대의 손바닥을 찌르는 등 역동적인 놀이가 진행됐다. 몽골은 김윤후의 등을 찌르기 위해 많은 도전을 했지만 고려 역할의 학생이 에워싸 방어를 하고 있었고, 김윤후의 화살(보자기 천)에 맞아 몽골군 전사자가 늘어났다. 몽골군은 살리타를 에워쌌지만 김윤후 역할의 학생이 살리타 쪽으로 다가가 마구 보자기 천을 던지며 몽골군과 살리타를 전사시켰다.

역할을 바꿔가며 총 세 번의 전투를 치렀는데, 세 번 모두 김윤후의 화살 덕분에 고려가 승리할 수밖에 없었다. 이를 통해 활을 잘 쏘는 우리 민족에 대한 설명을 추가했다.

물론 역사에서 이처럼 승리만 있었던 것은 아니다. 교과서에 소개된 6차 침입 때의 피해에 대한 자료를 함께 보며 이야기도 나누었다. 나중에는 고려의 왕과 일부 신하가 전쟁을 멈추는 조건으로 강화도에서 개경으로 수도를 옮겼다는 내용도 소개했다. 이 부분에서 아이들에게 '전쟁을 계속하자'와 '전쟁을 그만 멈추자' 중 나라면 어떤 선택을 할지 결정하도록 해보았다.

"우리도 이렇게 고민하고 선택이 힘든데 그때 사람들은 어땠을까? 당시 이렇게 전쟁을 끝내는 것은 자존심 상하는 일이고 전쟁에서 진 것이라고 생각했던 사람들이 있었단다. 그래서 삼별초에 대해 우린 조금 더 살펴봐야 해."

이어서 몽골군에 끝까지 저항했던 '삼별초'에 대한 공부까지 자연스럽게 이어나갈 수 있었다.

 준호샘의 수업 팁

김윤후의 화살을 대신해 보자기 천이 아니더라도 피구공이나 신문지 뭉치 등 다치지 않을 만한 던질 거리를 활용해도 된다. 소리가 나지 않는 스펀지 주사위를 활용해도 좋다.

재미와 역동이 넘치는
준호샘의 역사 수업 이야기

Part 2
조선시대

06

조선의 건국

●●

　조선의 건국 이야기에 앞서 이성계가 위화도 회군을 하게 된 이유를 집중적으로 다뤄보고 싶었다. 당시 백성들에게 어떤 어려움이 있었고, 왜 새로운 나라를 원했는지 등 시대적 배경을 자세히 알면 좋겠다고 생각했다. 신진사대부 내에서 정도전, 정몽주 등의 힘겨루기도 이야기할 필요가 있었다.

혼란한 고려 말기

　고려 말기에 백성들이 권문세족들로 인해 얼마나 힘들었는지를 이해하는 것이 중요했다. 그래서 앞에서 계속해서 활용한 '이야기 체험하기' 기법을 다시 적용했다.

　책상을 밀고 넓은 교실 공간을 만든 뒤 백성 역할을 할 학생 몇 명을 뽑았다.

　"고려 말, 백성들이 농사를 짓습니다."

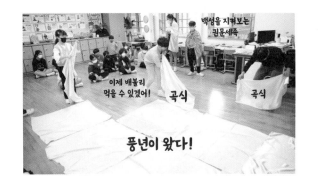

백성을 지켜보는
권문세족

이제 배불리
먹을 수 있겠어!   곡식   곡식

풍년이 왔다!

같은 색의 천을 여러 개 나
눠주고 바닥에 깔아 농사가
잘 되었다는 것을 표현하도
록 했다.

"농사가 잘 되어 곡식을 추
수하면서 기뻐합니다."

천을 하나씩 집어 들면서
양손 가득 천을 모으도록 했다. 그러고 나서 "농사가 잘 되어 기분이 어떤가
요?" "얼마나 힘들게 농사를 지었나요?"라는 질문으로 농사짓기가 쉽지 않았
음을 떠올려보도록 했다.

이번엔 학생 두 명을 뽑아 '권문세족' 역할을 주었다.

"권문세족은 백성들이 수확한 곡식을 빼앗아 갑니다. 백성들은 아무 말도 못
하고 빼앗깁니다."

천을 줄다리기하듯 잡아당기
며 하나씩 빼앗아 가는데, 10개
중 1개만 남기고 9개를 권문세
족이 가지고 가도록 했다.

"권문세족은 빼앗은 곡식을
보며 기뻐합니다."

하늘로 천을 던지며 즐거워하
던 권문세족을 바라보던 백성들에게 "어떤 생각이 드나요?"라는 질문을 했다.
짜증나고 억울하고, 수확물을 대부분 가지고 간 권문세족이 도둑처럼 느껴진다

농사 지은 것
다 내놔!

권문세족

다 가져가면
우린 어떻게 사나요!

권문세족   곡식

곡식

고 했다.

"이때 과거시험으로 관리가 된 신진사대부라는 새로운 세력이 등장합니다."

그러면서 한쪽에 몇 사람을 세웠다.

"고려에 침입한 왜구와 홍건적을 물리치면서 신흥 무인 세력도 등장했지요."

이번에는 신진사대부 옆에 또 몇 사람을 세웠다.

"이들은 백성들의 고통을 알아주고, 제도를 고치고 나라를 더 좋게 만들고자 했답니다."

앞서 곡식을 빼앗겼던 백성 역할의 학생들에게 새로 등장한 이들이 자신들을 생각해 주니 어떠냐고 물어보고 당시 백성들의 마음을 함께 느꼈다. 이와 함께 관련 자료를 보면서 고려 말에 대한 상황을 조금 더 공부했다.

이성계의 위화도 회군

명이 철령 이북 지역을 자기 영토라고 주장하며 철령위를 설치하려고 하자 고려 우왕은 이성계에게 요동을 정벌하도록 했다. 왕의 명령을 받아야 하는 신하인 이성계가 위화도에서 군사를 돌려 개경으로 돌아오게 된 과정과 이성계가 당시 느꼈을 어려움을 재연해 보고 싶었다. 그래서 고려 말 '우왕' 역할을 할 학생을 한 명 뽑아 보자기 천을 망토로 둘러놓고, 앞서 등장했던 신흥 무관 중 '이성계' 역할의 학생을 우왕 옆에 세웠다.

"우왕은 요동을 정벌하라고 이성계에게 시킵니다."

우왕에게 보자기를 이성계에게 던지며 추가로 "성계야, 가서 명나라를 공격하거라!"라는 대사를 주었다. 우왕에게는 "야, 성계!!"라고 계속 대사를 주면서 이성계의 마음이 좀 상하도록 했다.

나는 이성계 역할의 학생에게 다가가 "자꾸 왕이 가서 싸우라고 하는데 어때요?"라고 물었다. 그래도 신하이니 명령을 들어야 하지 않겠냐고 했다. 그래서 교실 한쪽으로 데리고 가

커다란 짐볼을 들도록 했다. 그리고 그 짐볼이 감당해야 하는 '이성계의 어려움'이라고 했다.

"신하이니 어려움이 있어도 감당할 수밖에 없었겠죠? 요동 정벌을 하는데 어려움은 다음과 같았답니다."

나는 보자기 천을 짐볼 위로 하나씩 던져 올리며, "작은 것으로 큰 것을 거스르는 것이고, 여름에 군사를 일으키는 것이 부적당하며, 장마철이라 아교가 느슨해지고 질병이 돌 것이고, 원정하는 동안 왜구의 침입이 있을 것이다."며 당시 이성계가 반대했던 이유들을 설명했다. 이 어려움을 이성계는 의리가 있고 충심이 있어 계속 감당했다며 이성계에게 팔이 아무리 아파도 짐볼을 내려놓으면 안 된다고 했다. 내려놓는 것은 왕에게 반역을 취하는 것이고 어떻게든 어려움을 이겨내고 정벌하러 가야 한다고 했다. 그리고 이성계 뒤쪽에 여러 부하를 배치해 이성계 쪽을 향해 계속해서 그만 내려놓고 새 나라를 만들자는 등의 말을 하도록 했다.

한참 뒤, "임금의 명령을 거스르면 죽을 수도 있는데 어떻게 할래요?"라며 이성계에게 질문했다. 처음엔 짐볼을 계속해서 들고 있던 이성계 역할의 학생은 버틸 만하다고 하다가 나중엔 팔을 부들부들 떨더니 아프다고 했다. 그러다 갑자기 짐볼을 바닥으로 던졌다. 그 순간 바로 모든 장면을 멈추고 역할을 맡은 학생들과 바라보던 반 아이들에게 "어쩌면 이성계는 이렇게 버티고 버티

이성계가 내려놓은 어려운 짐

그 자리는 백성을 위한 왕의 것이오!

우왕은 이제 내려오시오!

우왕

이성계

회군해서 개경에 온 이성계

다가 이렇게 감당할 수 없는 어려움을 바닥에 던졌는지도 몰라요. 이성계는 그다음 어떤 선택을 했을까요?"라고 말하며 아이들에게 생각해 보도록 했다.

이미 관련 내용을 알고 있는 학생도 있었기에 이성계 역할의 학생과 부하들을 최영 장군과 우왕 쪽으로 데리고 갔고, 우왕을 몰아내도록 했다. 그리고 "이렇게 우왕을 몰아내고 창왕을 세우면서 권력을 손에 넣었단다."라는 이야기를 더해 주었다.

정몽주와 이방원, 온건파 대 급진파(혁명파)

신진사대부의 정몽주는 고려를 유지하면서 개혁하려 했고, 정도전은 고려를 대신해 이성계를 중심으로 새로운 왕조를 세우려 했다. 두 세력 간의 갈등을 살펴보면 서로 팽팽하게 마주보고 있는 구도로 느껴져 '줄다리기'로 이야기를 풀어갔다. 그래서 보자기 천 두 개를 연결해 기다란 줄다리기 줄처럼 만들었고, 정몽주가 속해 있는 온건파 역할을 할 5명과 이방원과 정도전이 속해 있는 급진파 역할을 할 5명을 뽑았다.

줄 가장 앞에 이방원과 정몽주가 서도록 했고, 천 보자기를 망토처럼 두르게 해 각 인물을 구별할 수 있도록 했다. 처음에는 승부를 떠나 그냥 줄다리기를 한 판 해보기로 했다. 서로 힘이 팽팽하다가 나중에서야 정몽주가 있는 온건파가 승리했다.

"우리 교실에선 정몽주가 있던 온건파가 승리했지만 실제 역사에선 어떤 일이 있었을까? 조금 더 궁금하지 않니?"라고 물으니 아이들은 "누가 이겼어요?"라며 반짝거리는 눈으로 궁금해했다.

급진파와 온건파 줄다리기 ——

1 온건파 5명, 급진파 5명 역할을 뽑는다.

2 서로 마주 보고 줄다리기를 한다.

3 급진파는 "이런들 어떠하리 저런들 어떠하리"라고 외치며 줄을 잡아당기고,

4 온건파는 "임 향한 일편단심이야 가실 줄이 있으랴"라고 외치며 줄을 잡아당긴다.

5 줄다리기를 3판 2승으로 진행한다.

"방금 줄다리기를 하면서 급진파에서 외쳤던 구호가 이방원의 '하여가'이고, 온건파에서 외쳤던 구호는 정몽주의 '단심가'라고 한단다."라며 그들이 읊었던 시조도 소개했고, 정몽주가 어떻게 죽게 되었는지도 알려주었다.

"정몽주가 죽게 된 것은 어떤 결과를 만들었을까?"

이번에는 줄 앞쪽에 있던 정몽주를 옆에 세워놓고 이방원과 부

하를 더 뽑아 정몽주 쪽으로 다가가 천을 던지게 했다. "정몽주는 그렇게 선죽
교 위에서 죽게 됐답니다."라며 정몽주 역할의 학생에게 바닥 한쪽에 엎드려
있도록 했다. 그리고 다시 줄다리기를 했다. 온건파 쪽은 정몽주를 빼고 줄다
리기를 했고, 이방원의 부하까지 급진파에 붙여 6명 vs 4명 구조의 줄다리기를
진행하도록 했다. 3판 2승으로 줄다리기를 했는데 급진파가 계속해서 이길 수
밖에 없었다. "이렇게 줄다리기에서처럼 팽팽하던 대립이 정몽주가 죽은 뒤엔
힘의 기울기가 이방원과 정도전이 있던 급진파 쪽으로 기울어지게 됐단다. 그
렇게 그들은 이성계를 중심으로 조선이라는 새로운 나라를 세웠단다."라고 말
하고 건국과 관련된 교과서 글과 보충 자료를 확인했다.

조선과 관련된 역사를 배워나가는 문을 열기 위해 반 아이들을 두 모둠으로
나눈 뒤, 새로 건국된 조선의 이미지를 만들어보도록 했다. 그리고 이성계를 중

심으로 선 뒤 "우리는 조선이다!"를 외치도록 했다. 이번에는 빠른 음악을 틀고 함께 만세를 부르며 "새로운 나라가 세워졌다!"라고 외치며 신나게 돌아다녀 보도록 했다. 이어서 앞서 배웠던 내용과 달리 조선은 조금 더 자세히 공부하게 될 것이고, 앞으로 다양한 활동이 있을 예정이라고 예고했다.

07

세종의 다양한 업적

● ●

교과서를 보면 조선시대 여러 임금 중에서도 '세종'과 '세종 대에 이루어낸 발전'이란 주제로 많은 내용을 공부해야 한다. 이를 효율적으로 공부하고 관련 내용을 아이들이 잘 기억하도록 지도하고 싶었다. 세종대왕에 대해서는 아이들이 많은 호감을 갖고 있었기에 더욱 재미있게 수업을 진행해 보고 싶은 마음도 들었다. 이번 수업에서는 교육연극 중 몸 조각 기법들을 활용해 수업을 재구성했다.

세종을 소개합니다!

세종에 대해 수업을 하려다 보니 자료가 너무 방대했다. 무엇부터 소개해야 할지 고민이 들었다. 아이들이 세종에 대해 알고 있는 내용도 각자의 관심에 따라 달랐다.

세종은 우리 역사에서 매우 중요한 인물이다. 그래서 교사가 일방적으로 알려주는 것보다 아이들 스스로 세종에 대해 공부하고 다양한 세종의 모습을 확인해 볼 수 있도록 활동을 구성했다.

이번 수업에서는 '인간찰흙놀이'(교실놀이백과239, 420p)를 활용하기로 했다. 교육연극 활동에서 가져온 이 기법은 두 명이 짝이 되어 한 명은 찰흙이 되고 다른 한 명은 찰흙을 조각하는 조각가가 되어 주제에 맞게 몸 조각을 만들어 보는 활동이다.

세종 조각하기 ——

1 세종에 대해 공부할 시간을 갖는다.

2 내가 알게 된 세종의 내용 중 소개하고자 하는 하나를 고른다.

3 두 명씩 짝이 되어 한 명은 조각가, 다른 한 명은 찰흙이 된다.

4 조각가는 자신이 소개하고자 하는 세종의 모습을 찰흙 역할을 하는 사람의 몸을 이용해 조각한다.

5 조각가는 조각에 어울리는 한 문장 정도의 짧은 대사를 찰흙 역할의 학생에게 알려준다.

6 정해진 시간이 지나면 조각을 전시해 놓고 조각가는 조각 뒤에 선다.

7 교사는 조각들을 차례로 터치해 세종의 대사를 들어본다.

8 각 조각가는 자신이 만든 세종의 조각에 대해 설명한다.

9 역할을 바꾸어 세종을 조각하고 설명한다.

먼저 교과서와 교실에 구비해 둔 여러 역사책, 크롬북과 패드를 이용해 세종에 대해 잠깐 공부하도록 했다. 친구들에게 소개하고 싶은 세종의 모습이나 에 피소드를 3개씩 골라보도록 했다. '인간찰흙놀이' 활동으로 세종을 조각해 표현할 것이라고 안내한 뒤, 앞서 골랐던 3개 중 조각으로 만들기에 가장 어울리는 내용을 하나 골라보도록 했다. 그런 뒤 두 명씩 짝을 지어주고 조각가와 찰흙 역할을 하기로 했다. 활동이 시작되자 반 아이들은 정말 다양한 세종을 조각해 냈다.

준호샘의 수업 팁

'인간찰흙놀이' 활동이 처음이라면 선생님과 학생 한 명이 짝이 되어 다른 주제(직업, 운동 종목 등)를 조각해 시범을 보여주면 좋다. 학생이 선생님을 조각하면 아이들이 깔깔대면서 좋아하고 조각 놀이를 해보려는 마음을 갖는다.

조각이 끝난 뒤, 어떤 세종 조각이 만들어졌는지 말을 들어보자면서 완성된 조각을 하나씩 터치하며 다녔다. "맛있다!" "재미있다!" "고기 내놔!" "나에게 가야금을 배우러 오너라!" "미안하구나!" "내가 진정한 조선 첫 임금이구나!" "아, 머리 아파!" 등 다양한 대사들을 들어보면서 어떤 조각인지를 유추해 보고 함께 이야기 나누었다.

우리가 소개하는 세종대왕은?

조각가
조각가
배고파 힘 빠진 세종 조각
머리 아픈 세종 조각
조각가
조선시대에 태어난 첫 임금 세종 조각
살 바지는 약을 찾는 세종 조각
백성의 이야기를 듣는 세종 조각

"어떤 세종 조각인지 감이 오기도 하지만 그 말을 듣고 더 궁금한 조각들도 있는데 조각가들로부터 어떤 세종 조각을 만들었는지 설명을 들어보도록 하겠습니다."라며 조각가 역할의 학생들에게 해당 조각을 설명하도록 했다. 설명할 때는 조각을 바라보며 말하거나 앞서 찾은 내용을 적어놓은 글을 보면서 하도록 했다.

반 아이들이 만든 조각은 '고기를 사랑한 세종, 눈이 나빠질 정도로 책을 좋아한 세종, 편식쟁이 세종, 음악 수준이 높았던 세종, 왕비를 사랑한 세종, 백성들을 위해 좋은 것을 만들어낸 세종, 몸을 움직이기 싫어하던 세종, 조선시대에 태어난 첫 번째 임금인 세종, 고민을 하다 머리가 아픈 세종, 살이 너무 많이 쪄서 다이어트 한약까지 먹어야 했던 세종, 나라 곳곳 백성의 목소리를 들었던 세종' 등이었다. 아이들은 세종의 업적뿐만 아니라 세종이 좋아했던 고기와 음식에 대한 에피소드에도 관심이 많았다.

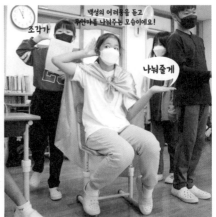

아이들이 조각을 설명할 때 나는 옆에서 교과서 내용을 보충 설명함으로써 세종에 대한 역사적 이해를 도왔다.

과학 기구를 소개합니다!

세종은 집현전을 통해 학자를 양성하고 백성의 생활에 도움이 될 수 있는 과학 기구를 발명하는 데 힘썼다. 특히 교과서에서는 혼천의, 앙부일구, 자격루에 많은 분량을 할애해 소개하고 있다.

세종이 발명한 과학 기구의 생김새와 작동 원리를 쉽게 알려주고 싶어 '인간 레고놀이'(교실놀이백과239, 418p)를 활용했다. 이 활동은 여러 사람이 몸과 몸을 이어 커다란 몸 조각을 만들어보는 것으로 소리나 움직임도 추가할 수 있는 장점이 있다.

모둠을 나눈 뒤 교과서 글을 먼저 함께 읽어보도록 했다. 그 외의 정보는 역사책과 크롬북, 패드를 이용해 정보를 얻도록 했다. 아이들은 모둠별로 모여 사진과 영상을 확인하고, 몸을 이리저리 맞대보기도 하면서 발표를 준비했다.

과학 기구 조각하기 ──

1 반 아이들을 세 모둠으로 나눈다.

2 각 모둠에 만들어야 할 과학 기구를 부여한다. (1조는 앙부일구, 2조는 혼천의 등)

3 각 모둠이 맡은 과학 기구에 대해 공부하고 작동 원리를 책과 인터넷 자료를 통해 파악한다.

4 이를 토대로 모둠이 모두 모여 몸을 연결해 과학 기구를 만든다.

5 몇 초간 움직일 수 있도록 과학 기구 작동 원리에 맞춰 움직임도 준비한다.

6 정해진 시간이 지나면 모둠별로 발표한다.

 준호샘의 수업 팁

'인간레고놀이'를 잘 모르는 상태에서 '과학 기구 조각하기'에 바로 적용하면 어려움이 있을 수 있다. 따라서 창체나 체육(표현 단원) 시간에 모둠끼리 '인간레고놀이'를 먼저 해보는 것이 좋다. 꽃, 나무, 가전제품 등을 만들고 움직여보도록 진행해 보자.

아이들이 발표를 하면 움직이게 해보고, 어떻게 이런 움직임을 만들었는지 물어보면서 작동 원리를 함께 공부해 나갔다. 혼천의, 자격루, 앙부일구에 대한 추가 설명과 자료를 영상으로 보여주면서 부족한 내용은 보완했다. 조각을 만들어본 뒤라 그런지 보충 자료에 매우 몰입하는 모습을 볼 수 있었다.

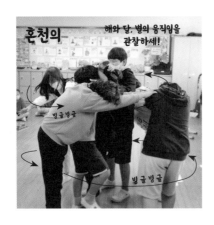

준호샘의 수업 팁

'인간찰흙놀이'는 우리가 잘 알고 있는 역사적 인물을 공부할 때 유용하게 적용해 볼 수 있는 활동이다. 실제로 우리 반 수업에서는 단군왕검, 이순신, 안중근, 유관순 등을 조각해서 적용했다. '인간레고놀이'는 다양한 문화재를 조각할 때 활용하면 좋다. 이 책 뒷부분에서는 숭례문, 거북선, 군사분계선 등을 조각하는 데 활용된 사례를 소개했다. 두 기법은 사회 과목뿐만 아니라 다른 과목의 수업에서도 유용하니 꼭 활용해 보길 권한다.

08

조선의 신분제도

● ●

　조선시대에는 태어날 때부터 신분이 정해지고 변화가 거의 없다. 주어진 신분에 맞게 살아갈 수밖에 없는 상황인데, 대부분의 아이들은 이를 대수롭지 않게 생각하는 경향이 있다. '신분'이 다르다는 것은 매우 민감한 내용인데, 이를 가볍게 넘기는 이유는 텍스트나 영상을 통해 역사를 머리로만 이해하기 때문일 수 있겠다는 생각이 들었다. 그래서 신분에 따른 차별을 직접 경험한 뒤 관련 역사를 공부할 수 있도록 지도하고 싶었다.

신분 상승은 어려워

　'왕이 되고파'(교실놀이백과239, 500p)는 내가 초등학교 시절에 친구들과 했던 '왕자와 거지'라는 이름의 놀이다. 친구들과 나란히 앉아서 놀다가 가장 왼쪽으로 갈수록 신분이 높은 사람이, 오른쪽으로 갈수록 신분이 낮은 사람이 앉는다.

술래는 앉아 있는 사람들 앞쪽에 선 뒤, 신분이 가장 낮은 사람부터 시작해 가위바위보를 이겨 신분이 높은 자리를 차지하는 방식이다.

이 활동을 해보면 아이들은 가장 높은 신분이 되는 것에 열광하고, 반대로 신분이 낮아지면 속상해한다. 그래서 학생들과 좀처럼 하지 않는 놀이지만, 이처럼 '신분'과 '차별'에 대한 역사를 공부할 때는 매우 유용하게 활용할 수 있다. 다만 이 활동은 자칫 감정이 서운해질 수 있기 때문에 쉬는 시간이나 방과 후에 친구들 사이에서는 하지 않기로 약속하고 진행하길 바란다.

왕이 되고파 ──

1 한 모둠이 6~7명 정도가 되도록 반 아이들을 나눈다.

2 모둠별로 의자를 사람 수보다 하나 적은 수만큼 나란히 줄 맞춰 놓는다.

3 가위바위보 등으로 순서를 정해 차례로 앉는다.

4 가장 왼쪽부터 왕, 양반1, 양반2, 중인, 상민1, 상민2 등으로 신분을 정해 놓는다. (모둠 인원에 맞추어 상민의 수는 조정한다.)

5 남은 한 명은 천민이 되어 상민2 앞에 선다.

6 상민2와 천민은 가위바위보를 하고, 이긴 사람은 한 단계 더 높은 신분에 도전할 수 있다. (예를 들어 천민이 가위바위보에서 이기면 상민1과 가위바위보를 하면 되고, 천민이 가위바위보에서 지면 상민2 자리에 앉고 상민2는 상민1을 마주 보고 가위바위보를 한다.)

7 양반2 앞에 서는 사람은 두 손을 모으고 "안녕하십니까"라고 예를 지키며 인사한 뒤 가위바위보를 한다. 양반2는 "다시(하거라)"라는 말로 인사를 1번 더 받을 수 있다.

8 양반1 앞에 서는 사람은 한쪽 무릎을 꿇고 "안녕하십니까"라고 예를 지키며 인사한 뒤 가위바위보를 한다. 양반1은 "다시"라는 말을 2번까지 할 수 있다. 인사를 받고 싶으면 "오냐"라고 말한다. 양반1이 "오냐"라는 말로 허락하면 한쪽 무릎을 꿇은 상태에서 공손하게 가위바위보를 한다.

9 왕 앞에 서는 사람은 큰 절을 올리며 "안녕하십니까"라고 예를 지키며 인사한 뒤 가위바위보를 한다. 왕은 "다시"라는 말을 3번까지 할 수 있다. 인사를 받고 싶으면 "오냐"라고 말한다. 왕이 "오냐"라는 말로 허락하면 두 무릎을 꿇은 상태에서 공손하게 가위바위보를 한다.

10 왕에게 가위바위보를 이기면 왕 자리에 앉고 나머지 사람은 크게 "새로운 왕이 탄생하셨다!!"라고 외친다. 가위바위보에서 지는 사람은 천민으로 추락해 가장 아래 신분인 상민2와 가위바위보를 하러 간다.

11 정해진 시간 동안 위의 과정을 반복한다.

"지금부터 신분이 달라 생길 수 있는 일과 관련된 활동을 하려고 합니다. 신분이 높은 사람은 기분이 좋겠지만, 신분이 낮으면 서운함이 생길 수도 있습니다. 하지만 신분에 따라 조선시대 사람들의 마음이 어땠을지 간접적으로 경험해 볼 수 있어서 잠깐만 하려고 합니다. 놀이라는 생각보다 역사 공부의 일부라는 생각으로 참여하길 바랍니다."

놀이 방법을 설명하면서 나는 먼저 양반, 왕으로 이어지는 인사를 공손하게 큰 동작으로 보여주었다. 왕 자리에 한 학생을 앉힌 뒤 큰 절을 올리며 "마마, 안녕하시옵니까!"라고 외치고 고개를 들어 왕 역할의 학생에게 "다시"라고 말하도록 했다. 그러면 나는 다시 더 큰 목소리로 "마마! 안녕하시옵니까!!"라고 절한 뒤 두 무릎을 꿇고 공손히 가위바위보 준비 자세를 취했다. 왕 역할의 학생은 웃으며 어쩔 줄 몰라 하고 다른 학생들도 키득거리기 시작했다.

"가위바위보에서 계속 이기면 내가 왕 역할을 하게 되겠죠. 새로운 왕이 되어 제대로 된 절을 받으려면 내가 먼저 제대로 된 절을 하겠다고 약속해 주세요." 그리고 이어서 "나는 제대로 하지 않았는데 남에게 더 과하게 시키지 않도록 해주세요."라는 말로 놀이에 임하도록 했다.

준호샘의 수업 팁

한두 번 선생님이 몇 명의 아이들에게 시범을 보여주면 아이들은 금세 이해한 뒤 놀이를 시작한다. 본격적인 활동이 시작되면, 선생님은 아이들과 놀이를 함께하기보다 칠판 앞쪽에서 전체를 보며 불편한 상황이 생기지 않는지 확인하고 활동을 중단하거나 모둠이 놀이를 잘 해낼 수 있도록 돕는 것이 좋다.

어떤 왕은 계속해서 가위바위보를 이겨 오랫동안 권력을 취하고 있는 모습도 있었다. 왕에 도전했다가 다시 천민 자리에서부터 시작하는 것을 괴로워하

며 소리를 질러대는 학생도 생겨 함께 키득거리기도 했다. 나중에 물어보니 양반이나 왕에게 인사를 했는데 바로 받아주지 않을 때 정말 괴로웠다는 소감이 있었다. 왕은 약간 거만하게 앉아 있도록 했는데, 왕보다 신분이 낮은 경우엔 왕보다 더 거만하게 앉을 수 없도록 했다.

일정 시간이 지난 뒤, "자, 이 놀이를 하면서 어떤 생각이 들었나요?"라며 포스트잇을 나눠주고 한 장엔 좋았던 것을, 다른 한 장엔 서운하거나 힘들었던 것을 쓰도록 했다.

아이들은 왕이 "다시"를 너무 거만하게 말하는 행동, 그리고 자신보다 신분이 높은 사람에게 몸을 굽혀야 하는 것이 힘들다고 했다. 상대의 거만한 자세 때문에 마음 상했던 사람이 높은 위치에 올라가면 내가 당한 것보다 더 거만하게 하고자 하는 마음이 생길 수 있으니, 어른이 되어서 중요한 자리에 오르면 더 겸손하고 세상 사람을 위해 힘을 잘 사용해야 한다는 이야기도 들려주었다.

왕에서 물러나야 했을 때는 가슴이 찢어지는 것 같다고 했다. 그래서 이런 감정 때문에 권력을 가진 사람들이 권력을 빼앗기지 않기 위해 부당한 일을 하기도 한다는 말을 더해 주었다.

신분이 낮은 사람들은 정말 힘들었겠다는 의견도 많았다. 그래서 왕이 한 번이라도 되어본 학생들에게 왕이 되어 왜 그렇게 거만해졌냐고 물어봤다. "그냥요" "그래야 될 것 같았어요."라는 답을 하기에 자리가 사람을 만들기도 하니 중요한 자리에 갈수록 겸손하고 내게 생긴 힘을 잘 사용해야 한다는 말을 덧붙였다.

"교실에서 아주 짧은 시간 동안 가상으로 만든 신분도 이렇게 힘들었고, 착

하고 좋았던 우리 반 친구들이 아주 거만(?)하게 변하는 것을 보면 현재 신분 차별이 없는 세상을 살고 있어 얼마나 다행인지 모르겠습니다. 조선시대에는 얼마나 마음 아프고 어려운 일들이 있었을까요? 함께 조금 더 공부해 봅시다."

활동 후에 자리를 정리하고 앉은 뒤, 신분제도와 관련해 공부를 함께했다.

"우리는 놀이에서 신분이 바뀌기도 했는데 조선시대에는 어땠을까? 거의 바뀌지 않았단다. 신분 변동은 불가능했지. 나중에 약간의 변화가 있긴 했지만 그와 관련된 공부는 나중에 할 거란다." 그리고 이어서 "이제 신분과 관련된 모든 경험은 이 수업을 위해 했던 것이니 여기에서 마무리 짓도록 합니다. 수업이 끝난 뒤 신분과 관련된 놀이를 장난으로도 하지 않겠다고 약속해 주세요."라는 말로 수업을 마무리했다.

09

임진왜란, 행주대첩, 명량대첩

••

일본을 통일한 도요토미 히데요시가 임진년에 조선에 침입하기 전, 조선의 관료들은 서로 싸우기 바빠 나라 밖 사정에 어두웠다. 미래를 살아가게 될 아이들에게 이 부분을 가르치는 일이 매우 중요하다고 생각했다. 임진왜란 때 꼭 다뤄야 하는 인물인 이순신과 여러 해전, 행주대첩 등 우리 역사에서 중요했던 전투를 어떻게 가르치면 좋을지 고민했다. 아이들이 '전투' 놀이 활동을 무척 기대했고, 임진왜란 때 어떤 흐름으로 승리하게 되었는지도 꼭 다뤄보고 싶었다.

예고된 침략

임진왜란이 발생하기 전에 조선은 계속된 정쟁과 선조 즉위 이후 격화된 당쟁 등으로 매우 혼란스러운 정치 상황이었다. 무엇보다 동인과 서인 두 세력은 서로 마주 보고 '우리가 옳다!'고 다투다 보니 나라 밖 상황을 제대로 알지 못

했다. 이 상황을 재연하고자 '크레센도'(교실놀이백과239, 446p) 놀이를 변형했다. 이 놀이는 반 아이들이 두 줄이 되어 서로를 바라보면서 자신이 하고픈 말을 하는데 거리가 멀어질수록 더 크게 말을 하게 되는 특징이 있다.

우리가 옳아! ———

1 반 아이들을 두 팀으로 나눈 뒤 길게 서로 마주 보고 서도록 한다.

2 한쪽은 동인, 다른 한쪽은 서인으로 이름 붙인다.

3 서로 마주 보고 목소리 크기 대결을 하는데 상대방보다 목소리가 더 커야 이긴다.

4 동인 쪽에서 먼저 "우리가 옳아!"라고 외치면, 서인 쪽에서 "우리가 옳아!"라고 외친다.

5 이렇게 차례로 상대방보다 더 크게 외치다가 순서에 상관없이 외치도록 한다.

6 신호에 따라 한 걸음씩 뒤로 물러나 동인과 서인 사이의 거리를 늘리면서 목소리 크기 대결을 이어간다.

7 이때 동인과 서인 중앙 쪽에 일본의 도요토미 히데요시 역할 한 명을 배치하고 "어이 조선, 우리가 쳐들어갈 거야!"라고 말하도록 한다.

8 어느 정도 시간이 지난 뒤 목소리 대결을 멈추고 동인과 서인 모두에게 도요토미 히데요시가 뭐라고 말했는지 물어본다.

　도요토미 히데요시 역할은 미리 뽑지 않고 동인과 서인이 서로 큰 목소리로 대결을 하는 도중에 뽑았다. 동인과 서인이 싸우는 동안 "우리가 쳐들어갈 거야!"라는 말을 처음에는 작게 하도록 하다가 계속 목소리가 커지도록 했다. 이렇게 한참 동인, 서인, 도요토미 히데요시가 전부 목소리를 높여 말하도록 하다가 멈춘 뒤 동인과 서인을 바라보며 물었다.

　"혹시 저쪽에 사람이 있는 걸 알고 있었나요?"

　어떤 아이는 사람이 서 있는 줄도 몰랐다고 하고, 어떤 아이는 알고는 있었는데 왜 서 있는지 모르겠다고 답했다.

　"이 사람은 임진왜란을 일으킨 왜의 도요토미 히데요시란다. 혹시 이 사람이

뭐라고 말했는지 들었나요?"

아이들은 도요토미 히데요시가 한 말을 아무도 듣지 못했다. 나는 고개를 돌려 도요토미 히데요시 역할의 학생에게 뭐라고 말했는지 다시 말하도록 했다.

"우리가 조선을 침략할 거야! 우리가 쳐들어갈 거라고!"

다시 반 아이들에게 "이렇게 중요한 말을 듣지 못했던 이유가 뭘까? 도요토미 히데요시가 저 앞에 서 있었다는 것도 몰랐던 이유가 뭘까?"라고 질문했다. 그렇게 조선 사림파들이 동인과 서인으로 나뉘어 다투는 상황이다 보니 조선에 다가올 큰 어려움을 알아차릴 수 없었다면서 교과서를 펼치고 당시 조선의 상황에 대해 공부했다.

"언제든 나라 안에서 서로 다투면 눈과 귀가 어두워져 이렇게 더 큰 어려움이나 침략이 생길 수 있단다. 이런 중요한 사실도 기억해 보렴."

행주대첩과 화차(변이중화차)의 활약

임진왜란을 공부하면서 우리 조상들이 어떤 어려움을 극복했고, 전투에서 어떻게 승리해 나라를 지켰는지 더 알려주고 싶었다. 아이들도 전투와 전쟁에 관심이 많았기 때문에 교실 안에서 실제 전투를 치러보고 승리의 원인도 함께 체험할 수 있도록 재구성했다.

이번에는 '신문지 눈싸움 2탄'(교실놀이백과239, 302p)을 응용해 활동을 준비했다. 신문지를 뭉쳐 눈덩이처럼 만든 뒤 두 편으로 나누어 눈싸움처럼 던지는데, 자기 영역에 있는 신문지 덩이를 반대쪽 영역으로 던져 자기 영역의 신문지 덩이를 줄여야 하는 활동이다.

행주대첩 1 ——

1 반 아이들을 두 팀으로 나누고 한쪽은 조선, 다른 한쪽은 왜(일본)가 된다.

2 교실 공간을 테이프(또는 책상과 의자로)를 이용해 둘로 나눈다.

3 각 팀은 신문지를 뭉쳐 신문지 덩이를 만들어 모은다. (커다란 신문지를 절반으로 잘라 뭉치면 초등학생 한 손에 들어갈 크기의 덩이가 된다.)

4 신호에 맞춰 내 영역에 있던 신문지 덩이를 상대방 영역으로 던진다.

5 이때 한 번에 신문지 덩이 하나만 상대 쪽으로 던질 수 있다.

6 정해진 시간이 지난 뒤, 신문지 덩이가 더 적은 곳이 승리한다.

"당시 창과 활 그리고 돌을 이용해 전투를 치렀단다. 우린 이 신문지를 대신해 전투를 치를 거야. 누군가를 맞히는 활동이 아닌 신문지를 상대방 영역으로 더 많이 넘겨보는 형태로 전투를 대신할 거란다. 상대방 쪽으로 멀리 던지면 유리하지."

이렇게 말한 뒤, 위의 활동을 1분씩 3번을 했다. 조선이 승리하기도 하고 왜가 승리하기도 했다. 전투 한 번이 끝날 때마다 서로 회의를 통해 어떻게 하면 승리할 수 있을지 작전을 짜도록 했다. 그러면 앞쪽으로 던지기보다 멀리 던지는 등의 다양한 역동이 만들어졌다.

행주대첩을 놀이에 담아 진행하려고 〈행주대첩도〉를 보여주면서 당시 상황에 대해 이야기를 시작했다.

"우리는 신문지로 활동했지만 당시엔 활과 창으로 싸웠고, 돌을 집어던지기도 했단다. 잠시 신문지로 전투를 치렀던 우리도 이렇게 땀이 나고 숨이 차는데 당시는 어땠을까? 우린 신문지에 얻어맞아도 전혀 아프지 않았지만 당시에 날아온 뭔가에 맞았다고 생각해 보자꾸나."

〈행주대첩도〉에 집중한 아이들에게 손가락으로 한쪽을 가리키며 "요건 뭘까? 특이하게 생겼는데 혹시 이름을 아니?"라고 물어보았다. 반 아이 중 '화차'라고 답을 한 학생이 있었다. 나는 변이중의 개량된 화차 이야기를 들려준 뒤 "이 화차는 전투에 어떤 영향을 줬을까? 한번 알아보자!" 하면서 앞의 놀이를 다시 변형해 진행하겠다고 했다. 이를 위해 조선 역할의 학생 중 3명을 골라 보자기 천을 씌우고 '화차' 역할을 주었다.

행주대첩 2

1 신호에 맞춰 내 영역에 있는 신문지 덩이를 상대방 영역으로 던진다.

2 한 번에 신문지 덩이 하나만 상대 쪽으로 던질 수 있다.

3 단, 화차에 해당한 학생은 신문지 덩이를 한 번에 여러 개 던질 수 있다.

4 정해진 시간이 지난 뒤, 신문지 덩이가 더 적은 곳이 승리한다.

변형한 활동으로 세 번의 전투를 치렀는데 매번 화차가 있던 조선이 승리할 수밖에 없었다. "행주대첩에서는 이렇게 화차의 활약이 컸단다. 무기의 수준과 기술이 전투에 큰 영향을 미쳤지. 하지만 이보다 더 중요했던 것은 당시에 관군, 승병, 백성 모두가 힘을 합해 일본군을 물리치려고 했다는 점이야. 행주대첩에 대해 조금 더 공부해 볼까?"라며 교과서 내용도 살펴보고 관련 자료도 함께 공부했다.

전략과 전술의 승리, 명량대첩

임진왜란을 공부하다 보면 아이들은 이순신 장군이 치렀던 여러 전투 중 '명량대첩'에 관심이 많았다. 원균이 칠천량 해전에서 크게 패한 뒤 다시 복귀해 수가 적은 판옥선으로 많은 일본군을 상대로 큰 승리를 거뒀다는 것을 대단하

명량대첩 1 ——

1 반 학생을 조선은 1/3, 왜는 2/3 비율로 나눈다.

2 교실 공간을 테이프(또는 책상과 의자로)를 이용해 둘로 나눈다.

3 각 팀은 신문지를 뭉쳐 신문지 덩이를 만들어 모은다.

4 신호에 맞춰 내 영역에 있는 신문지 덩이를 상대방 영역으로 던진다.

5 이때 한 번에 신문지 덩이 하나만 상대 쪽으로 던질 수 있다.

6 정해진 시간이 지난 뒤, 신문지 덩이가 더 적은 곳이 승리한다.

게 생각하고 있었다. 이 부분을 교실에서 꼭 해보고 싶어서 앞의 '신문지 눈싸움 2탄'을 연결해 다시 변형했다.

칠천량 전투에서 패배해 조선의 수군과 배가 적었다는 것에 초점을 맞춰 조선을 1/3 정도 인원으로 만들었다. 그리고 상대의 영역에 신문지 덩이를 던지는 형식으로 전투를 진행했다. 몇 번을 해도 인원이 많은 왜가 이길 수밖에 없었다.

"자, 인원의 차이가 전투에서 어떤 결과를 만들었나요? 사람이 아닌 배, 군함 수로 생각해 봅시다. 군함의 차이가 전투에선 어떤 힘을 발휘할까요?"

그러고 나서 진도 울돌목 영상을 보여주며 "이순신 장군은 이곳 조류가 매우 거세다는 것을 이용해 왜선이 이러지도 저러지도 못하게 한 뒤 대승을 거뒀답니다. 배는 적었지만 몇 배로 많은 배를 물리쳤던 비결을 함께 살펴봅시다."라고 말한 뒤 놀이를 변형했다.

명량대첩 2 ———

1 반 학생을 조선은 1/3, 왜는 2/3 비율로 나눈다.

2 왜는 3명이 한 팀이 되어 서로 뭉쳐 있어야 하고 자리에서 움직일 수 없다.

3 왜는 한 팀(3명)에서 가운데 사람을 제외한 왼쪽, 오른쪽 사람만 신문지 덩이를 주워 하나씩 던질 수 있다.

4 조선은 자유롭게 다닐 수 있고, 한 번에 신문지 덩이 하나만 던질 수 있다.

5 정해진 시간이 지난 뒤, 신문지 덩이가 더 적은 곳이 승리한다.

인원은 많았지만 옴짝달싹할 수 없도록 했더니 왜군은 조선을 이길 수 없었다. 활동을 여러 번 진행해도 결과는 같았다.

"때로는 전략과 전술이 불리함을 이길 수 있단다. 이순신 장군이 있었고 이런 전투로 인해 전쟁을 위해 바다로 물자를 보급하려던 일본군의 사기를 꺾고 더 이상 북쪽으로 나아갈 수 없게 만들어 전쟁을 이길 수 있었단다."

이후 아이들과 함께 교과서를 펴고 관련 자료들을 살펴보았다.

"나중에 도요토미 히데요시가 사망해 일본군은 조선에서 철수하면서 7년간의 긴 전쟁은 끝이 났단다. 이 7년 동안 얼마나 피해가 컸고, 또 가슴 아픈 일이 많았을까? 그래도 이 전쟁에서 살아남은 사람들이 있었고, 나라를 지켜낸 사람들이 있었단다. 무엇보다 너희는 이 사람들의 자손이지. 그러니 난 강한 생명력을 이어받은 대단한 사람이라고 생각하면서 고개를 들어보렴."

이순신과 거북선

임진왜란에 대해서는 다뤄야 할 내용이 많아 추가로 수업을 진행했다. 앞에서 했던 '세종 조각하기' 활동을 응용해 '이순신 조각하기'를 했다. 이순신에 대해 자료를 찾고 공부한 뒤, 두 명이 짝이 되어 이순신 조각을 하고 이순신의 삶 전반에 대해 이야기를 나누었다(같은 방식으로 선조, 원균, 권율 등 중요한 인물들을 주제로 활동을 진행해도 된다). 그리고 '과학 기구 조각하기' 활동처럼 '인간레고놀이'(교실놀이백과239, 418p)를 활용해 '거북선과 왜선 만들기' 활동을 진행했다.

몸을 이어 만든 거북선과 왜선을 어떤 구조로 만들었는지 서로 발표해 보도

거북선과 왜선 만들기 ———

1 반 아이들을 두 팀으로 나눈다.

2 한 팀에게는 거북선을, 다른 한 팀에게는 왜선을 부여한다.

3 모양과 움직임 원리를 책과 인터넷 자료를 통해 파악한다.

4 이를 토대로 모둠이 모두 모여 몸을 연결해 배를 만든다.

5 몇 초간 움직일 수 있도록 움직임도 준비한다.

6 정해진 시간이 지나면 모둠별로 발표한다.

록 했다. 각 모둠에게 준비한 움직임을 보여달라고 했고, 거북선과 왜선이 짧은 경주도 하면서 조각을 움직여보도록 했다.

"거북선은 판옥선을 기반으로 했는데 목재가 단단해서 충돌에 강했단다. 사용했던 못도 달랐고 판자를 이어 붙이는 형식도 왜선과 달랐지."

거북선과 왜선을 마주 보도록 하고 천천히 (이야기 체험 기법으로) 충돌 상황을 만들었다. 왜선을 구성하고 있던 학생들에게 서로 떨어져 바닥에 누워 있거나 앉도록 부탁한 뒤 조각난 왜선이라고 했다.

"이렇게 서로 충돌하면 거북선과 판옥선은 그대로였지만, 왜선은 구조상 조각나기도 했단다."

함포 장착 방식과 노를 저어 방향을 전환하는 데 조선의 배가 유리할 수밖에 없었다는 이야기도 추가로 나누고 관련 자료를 보면서 수업을 마무리했다.

10

병자호란

누르하치는 여진족을 하나로 통합해 후금을 세우고 명을 위협했다. 광해군은 명과 후금 사이에서 중립외교를 펼쳤는데, 이를 비판했던 조선 내 세력은 광해군을 쫓아내고 인조를 왕으로 세운 뒤 후금을 멀리하고 명나라를 가까이했다. 이에 후금이 쳐들어왔고(정묘호란) 서로 형제 관계를 맺는 것으로 전쟁을 끝냈다. 후금을 계승한 청나라는 점차 세력을 키웠고, 조선이 여전히 명나라를 받들자 청은 조선을 다시 침략했고 인조는 끝내 청태종에게 항복했다. 이 과정을 아이들에게 짧고 굵게 알려주고 싶었다. 무엇보다 청나라에 항복해 군신 관계가 되는 것이 당시 사람들에게 얼마나 치욕적이었을지를 느끼도록 하고 싶어 이야기 체험하기 기법과 놀이를 이용해 수업을 재구성했다.

오직 명나라만 믿었던 조선

　앞서 고려시대를 공부할 때 고려, 송, 거란의 삼각 관계를 다루었던 것처럼 조선, 명, 후금의 삼각 관계를 사람과의 관계 역동처럼 풀어보았다. 이를 위해 '이야기 체험하기'(교실놀이백과239, 416p) 기법을 다시 활용했다. 조선, 명, 후금 역할을 할 세 명을 뽑은 뒤, 내 이야기에 따라 간단히 몇 초간 즉흥적으로 상황을 보여주고 말하도록 했다.

이야기 체험하기 ──

1　선생님이 문장을 들려준다.

2　학생들은 선생님이 들려준 문장의 상황을 즉흥적으로 표현한다.

3　예를 들어 선생님이 "길을 가다 돈을 발견했습니다."라고 말하면

4　각자 떠올린 방식으로 길을 가다 돈을 발견한 상황을 즉흥적으로 몇 초간 표현하고 멈춘다.

　세 명을 교실 앞쪽에 세우고 왼쪽은 명나라, 가운데는 조선, 오른쪽엔 후금 역할의 학생을 세웠다.

　"조선은 명과 후금 사이에 고민이 많았습니다. 하지만 조선은 명나라 쪽에 마음을 내어주며 살았지요."

　가운데 있는 조선에 명나라가 두른 보자기 천 한쪽을 살짝 잡고 있도록 했다.

"어느 날, 명과 후금이 서로 다투게 됐습니다."

조선 역할의 학생에게 오른쪽으로 빠지도록 하고 명나라와 후금이 서로 멱살을 잡도록 했다.

"명나라는 조선에 도와달라고 외칩니다. 하지만 조선은 둘 사이에서 중립을 취합니다."

명나라와 후금이 조선의 천을 잡고 옥신각신하는 장면을 꾸민 뒤, 반 아이들에게 "명나라 편을 들어 후금과 싸우면 어떤 일이 생겼을까?"라는 질문으로 관계 속 역동을 함께 알아보았다.

"하지만 중립을 지키는 이 모습에 조선 내 세력은 왕을 바꿔버렸답니다."라고 하면서 가운데 있던 조선 역할의 학생에게 들어가도록 한 뒤 새로운 학생에게 조선 역할을 하도록 했다. 그리고 '인조' 역할을 주었다. 반 아이들은 이 부분에서 충격을 받은 듯했다. "왕을 바꿀 수 있어요? 왕이 가장 센 사람이 아니었어요?" 등의 이야기가 나왔다.

"인조는 명을 더 가까이하고 후금을 멀리합니다."

"화가 난 후금은 조선에 쳐들어옵니다. 그리고 형제 관계를 맺기로 하고 전쟁을 끝냈지요."

세 나라의 역할을 이리저리 옮기며 정묘호란을 설명해 주었다.

"하지만 여전히 조선은 명나라만 바라봅니다."

조선이 명나라만 계속 바라보도록 한 뒤 이번에는 후금 뒤에 사람 몇 명을 세

웠다.

"후금은 더 커져 청나라가 됐답니다. 하지만 조선은 명나라만 바라보느라 청이 강해졌다는 것을 못 알아차리지요."

이제 조선에 고개를 돌려 청나라 쪽을 바라보면서 "오랑캐 꺼져!"라는 대사를 하도록 했다. 청나라에 다가가 어떤 생각이 들고 어떻게 하고 싶은지 물었다. 그러자 청나라 역할을 하고 있던 학생은 화가 나고 가서 혼내주고 싶다고 답했다.

청나라 역할의 사람들을 이동시켜 조선의 멱살을 잡게 하고 고개를 돌려 반 아이들에게 설명했다.

"이렇게 청나라가 조선에 쳐들어왔답니다. 이게 바로 병자호란이지요. 인조는 남한산성으로 도망갔다가 끝내 항복하게 됐답니다."

청 황제를 교실 앞쪽으로 앉히고 반 아이들과 나는 모두 세 번 절하고 아홉 번 머리를 조아렸다. 그리고 "이렇게 절을 해보니 마음이 어떤가요?"라고 물었

다. 힘들었다고 하는 아이도 있었지만, 아직까지 다른 나라 황제에게 절을 하고 군신 관계가 되는 것이 얼마나 치욕스러운지 잘 실감하지 못하는 것 같았다.

청나라의 신하가 된 치욕의 역사

조선은 청나라와 군신 관계가 되어 청나라가 시키는 많은 것을 해야 했다. 공물을 바치고 많은 백성을 인질로 보내야 했는데, '시키면 시키는 대로'(교실놀이 백과239, 402p) 놀이를 활용하면 좋겠다는 생각이 들었다. 이 활동은 돌아다니다 만나는 사람과 가위바위보를 한 뒤, 진 사람은 이긴 사람의 쪽지에 적힌 대로 행동해야 하는 놀이다.

청나라가 시키는 대로 ——

1 해야 할 행동이 적힌 쪽지를 하나씩 부여받는다.

2 돌아다니다가 만나는 사람과 가위바위보를 한다.

3 이긴 사람은 청나라, 진 사람은 조선이 된다.

4 이긴 사람은 손에 들고 있던 쪽지를 조선 역할 친구에게 보여준다.

5 진 사람(조선 역할)은 이긴 사람(청)의 쪽지에 적힌 행동을 그대로 한다.

6 행동이 끝나면 서로 쪽지를 바꾸고 헤어진다.

7 다른 사람을 만나 가위바위보 하면서 앞의 활동을 계속한다.

A4 사이즈의 머메이드 종이를 사등분한 뒤, 그 위에 행동이 적힌 종이를 붙이고 반 아이들에게 하나씩 나눠주었다.

"가위바위보에서 지면 시키는 행동을 하는 것이 힘들 수 있겠지만 군신 관계가 되면 내가 원치 않는 것도 그 나라를 위해 해야 했던 당시 상황을 간접 체험해 보는 것이니 어떤 문구가 나오든 최선을 다해 보세요."라고 말한 뒤 문구를 하나씩 읽어주었다. 이후에는 반 아이들에게 청나라와 조선 사이에 어떤 것을 해보면 좋겠느냐고 물어보면서 아래의 문구를 추가로 만들었다.

- 큰 절을 공손하게 내게 세 번 하거라!
- 한 쪽 무릎을 꿇고 앉아 내게 "존경합니다"를 세 번 외치거라!
- 두 무릎을 꿇고 나를 올려다보면서 "당신은 제 황제입니다!"라고 크게 7번 외치거라!
- 두 손을 모으고 허리를 90도로 꺾어 내게 "당신은 최고의 황제입니다!"라고 세 번 말하거라.
- 두 손을 머리 위로 들어 크게 하트를 만든 뒤 내게 "사랑합니다"를 세 번 외치거라.
- 청나라를 위해 춤을 10초간 추도록 하여라!!
- 내가 웃을 수 있도록 재미있는 표정으로 재롱을 10초간 부리거라!
- 앉았다 일어섰다를 5번 하면서 "청나라 만세!"를 외쳐보거라.
- "청나라 사랑해요!"라고 외치면서 이곳을 크게 한 바퀴 돌고 오거라!
- "사랑해요 청나라! 우유 빛깔 청태종!"을 외치며 나를 10초간 따라다니거라!

아이들이 추가한 문구를 재빨리 라벨지에 출력해 종이에 붙여줬고, 그걸 들고 활동하도록 했다. 반 아이들은 몇 분간 청태종이 되었다가 조선 인조가 되기도 했다. 쪽지에 적힌 행동을 시키기도 하고, 쪽지에 시킨 대로 하기도 하면서 재미있게 활동을 이어갔다.

어느 정도 활동 시간이 지난 뒤, 반 아이들에게 멈추도록 하고 어떤 생각이 들었는지 물었다. 시키는 것은 재미있고 좋았는데 하는 것은 싫었고, 때론 자신이 해야 하는 행동이 과하게 느껴지기도 했다는 말을 했다.

청태종을 교실 앞쪽에 앉히고 앞서 삼배구고두례(신하 나라가 큰 나라를 만났을 때 머리를 조아려 절하는 예법)를 체험했을 때처럼 모두 조선 왕과 백성이 되어 바닥에 낮은 자세로 앉도록 했다. 그리고 청태종에게 모든 쪽지를 주고 뽑도록 했다. 나와 반 아이들은 청태종이 뽑은 문장대로 행동했다. 나는 청태종 역할의

학생에게 질릴 때까지 쪽지를 뽑아보도록 했다.

　나중에 나와 반 아이들은 지쳐버렸다. 앉아서 이야기를 나누는데 아이들은 황제가 시키는 대로 계속하는 것이 너무 힘들었고, 당시에 살았다면 정말 죽을 것 같았겠다고 했다.

　"쪽지에 쓰인 것도 이런 마음을 들게 하는데 실제 어떤 것을 시켰을까? 먼저 명나라와 국교를 끊고 청나라와 군신 관계를 맺어야 했단다. 조선이 청나라의 신하가 됐다는 말이지. 세자와 관리들의 자제를 청나라에 보내야 했으며 황금과 은 등 여러 예물을 보내야 했단다."

　이후 삼전도비를 보여주면서 청나라가 이 결과를 대대손손 알리기 위해 세운 비석이라는 것도 알려주었다.

11

붕당 정치와 탕평책

학문이나 정치적으로 생각을 같이하는 사람들의 집단인 붕당의 의견 대립이
심해지면서 조선의 정치는 혼란스러워졌다. 조선 중기엔 동인과 서인으로 나
뉘었고, 동인은 남인과 북인으로 나뉘었다. 조선 후기에 서인은 노론과 소론으
로 나뉘었으며, 정조 초기에는 노론이 시파와 벽파로 나뉘었다. 그러다 보니 왕
권이 약해지고 나라 또한 혼란스러워질 수밖에 없었다. 둘로 나뉘어 싸우면 같
은 편끼리 뭉치고 다른 편을 적대시하게 되는데, 이런 속성을 먼저 다루고 공부
하면 좋겠다는 생각이 들었다. 또한 영조와 정조의 탕평책은 왕권을 강화하고
정치를 안정시키고자 하는 것인데, '탕평책'을 아이들이 쉽게 이해할 수 있도록
놀이를 활용한 수업을 진행했다.

노론과 소론의 대결

봉당 정치 중에서도 교과서 흐름에 따라 영조 대의 '노론과 소론의 대결' 활동을 준비했다. 팀별로 똘똘 뭉쳐야 하고 같은 의견을 내야 하며, 자신들의 정보를 상대 팀에게 주지 않아야 승리할 수 있는 대결이 필요해 '집단 가위바위보' 놀이를 진행했다.

집단 가위바위보 ——

1 반 아이들 중 왕 역할 한 명을 뽑는다.

2 나머지 반 아이들을 두 팀으로 나눈 뒤, 노론과 소론이라고 이름 붙인다.

3 노론과 소론은 가위바위보로 어떤 모양을 낼지 모여 정한다. (비길 것에 대비해 두 개를 준비하면 좋다.)

4 왕을 중심으로 노론과 소론은 한 줄로 선 뒤 서로 마주 본다.

5 왕이 가위바위보라고 외치는 신호에 각 팀은 미리 준비한 모양을 낸다. (바위에 모두 껑충 뛰어올랐다가 '보'를 함께 외치며 준비한 모양을 내면 타이밍이 맞다.)

6 가위바위보에서 진 팀은 순위가 높은 사람(왕 가까이 있는 순으로) 한 명이 아웃되어 팀에서 빠진다. (상대 팀에 의해 귀양을 떠나는 것으로 약속)

7 가위바위보 할 때 실수로 같은 팀원들과 다른 것을 내면 상대 팀에서 데려가 한 팀을 만든다.

8 이렇게 계속 진행하고 일정 시간이 지난 뒤 사람이 많은 쪽이 승리한다.

가위바위보에서 지면 붕당 정치의 희생자가 되어 상대 파에 의해 멀리 귀양을 떠나는 것으로 약속했다. 아이들은 비명을 지르며 밖으로 가기도 하고, 앞서 연극 활동을 많이 해서 그런지 "마마, 저를 살려주시옵소서!"라며 임금 앞에 무릎을 꿇는 등 즉흥적인 장면을 만들기도 했다.

놀이는 집단 간의 대결이다 보니 이기기 위해 상대방은 무엇을 낼지 살짝 엿보기도 하고, 상대에게 걸리지 않기 위해서 똘똘 뭉쳐 구석에서 이야기하기도 했다. 또한 서로 의견을 나누었지만 같은 것을 내지 못하는 경우도 생겼다.

한참 놀이를 진행한 뒤 말했다.

"놀이를 하던 너희 모습이 당시의 붕당 정치의 모습과도 비슷했단다. 옳거

나 그른 것을 떠나서 내 편이냐 아니냐가 중요했지. 상대방보다 더 세지고 세력을 키우기 위해 공격하고 상대를 죽이거나 귀양을 보내기도 했단다. 구석진 곳에서 이야기 나눴던 너희 모습처럼 누군가의 집이나 상대방이 모르는 곳에서 정치를 하고 의견을 모았단다."

나는 왕에게 걸어가 지금 어떤 생각이 드냐고 물었다. 그러자 왕 역할의 아이는 "심심해요. 재미없었어요."라고 답했다.

"교실 속 왕이 느꼈던 감정도 이런데 당시 왕들은 어땠을까? 이런 일이 다양한 주제로 매 순간 왕 앞에서 벌어졌다면 무기력해지고 힘들지 않았을까?"

이어서 자연스럽게 붕당 정치에 대해 좀 더 자세히 공부할 수 있었다.

우리 모두 하나가 된다면!

"영조와 정조는 왜 탕평책을 펼치려 했을까? 이렇게 나누어져 다양한 의견을 나누는 것이 도움 되는 경우도 있겠지만, 끝내 실패하고 무너져 내리는 것을 막고 모두 하나가 됐으면 하는 마음은 아니었을까?"

나는 노론과 소론을 모두 한 줄로 서게 한 뒤 한쪽을 바라보고 다닥다닥 붙어 서도록 했다.

"노론과 소론이 각 파별로 똘똘 뭉쳤을 때 주어진 문제를 잘 해낼 수 있는지 간단한 실험을 해보겠습니다. 이건 현재를 살아가는 우리에게도 정말 중요한 주제이고, 특히 우리 교실에서도 중요한 주제이기 때문입니다."

그런 뒤, 모두가 동시에 뒷사람 무릎에 편하게 앉아보도록 했다. 그런 상태로

1분 동안 무너지지 않고 있도록 했다. 처음에는 할 수 있다며 끙끙대며 버텨보려 했지만 몇 번이나 무너졌다. 아이들은 허벅지가 아프다며 문지르기도 했고, 다시 도전해 봐도 엉성한 상태로 무너지길 반복했다.

아이들은 도저히 성공할 수 없다며 투덜대기도 했고, 무너져 내린 친구를 탓하기도 했다.

"이 활동은 구조상 힘들고 무너져 내릴 수밖에 없답니다. 그래서 나만 잘 되면 돼, 우리만 잘 되면 돼, 우리끼리만 잘하면 돼라는 생각을 내려놓아야 해요. 당시 탕평책은 모두가 합심해서 하나가 되어 조선의 여러 문제를 해결해 보자는 의미가 담겨 있기도 했답니다."

이어서 '우리는 하나'(교실놀이백과239, 222p) 활동을 소개했다. 이 활동은 모두가 원형으로 모여 서로를 의지하며 앉아보는 것으로, 힘이 분산되어 허벅지도 아프지 않고 성공하면 모두가 좋아하는 활동이라 매년 반에서 꼭 했던 활동이다.

노론과 소론이 서로 모여 하나로 연결하고, 발끝을 모아 예쁜 원을 만들도록 한 뒤 하나 둘 셋 신호에 맞춰 앉도록 했다. 그러자 누구 한 명 힘들어하지 않고 앞 활동보다 더 편하게 앉아 정해진 시간을 보낼 수 있었다. 반 아이들도 기뻐하며 "함께 하니까 정말 성공하네요?"라는 말을 했다.

"영조와 정조가 꿈꿨던 것은 왕과 신하, 백성이 모두 하나가 되는 세상 아니었을까? 무엇보다 서로 의견 대립으로 혼란스러웠던 정치를 이렇게 하나가 되도록 해 왕의 힘을 키우고 백성을 위한 정치를 했으면 하는 마음이었을 거야. 이렇게 관료들이 하나가 되도록 하는 정책이 바로 탕평책이란다."

끝으로 '두루 사귀면서 편을 가르지 않는 것이 군자의 공정한 마음이다.'라는 탕평비의 문구를 보여주었다.

이 활동은 역사 속 사건을 이해하는 데 도움이 됐지만, 교실 생활과 앞으로 살아갈 미래를 바라보는 데 도움이 되기도 했다. 마지막으로 다음과 같은 말을 덧붙였다.

"과거 역사를 이해하는 것은 좋은 일은 더 좋게 만들고, 안타까웠고 슬펐던 일은 다시 생기지 않도록 지혜를 얻는 일이기도 하단다. 오늘 배움과 체험이 너희 삶에 큰 도움이 되면 좋겠구나. 무엇보다 교실에서 서로 나뉘어 공격하는 일이 없고 따뜻한 마음으로 이해하면서 하나된 우리 반이 된다면 기쁠 듯 하구나."

12

실학자의 등장

● ●

　전란으로 백성들의 삶이 어려워지자 현실의 문제를 해결해 줄 수 있는 새로운 학문이 필요했다. 이에 실생활 문제 해결에 관심을 둔 학자들이 등장했다. '실생활 문제 해결'에 초점을 맞추었다는 것을 아이들에게 어떻게 알려줄 수 있을지 고민했다. 특히 이전의 다른 학자들과 차이가 있다는 점을 이해시킬 필요가 있었다. 이를 교실에서 풍자적으로 풀어보고자 수업 초반에 연극 상황을 만들어 적용해 보았다.

공자왈 맹자왈

　학자들이 현실과 동떨어진 학문에 치중하는 것을 강조하고자 '이야기 체험하기' 기법을 다시 사용했다. 반 학생 중 몇 명을 '조선 시대의 위대한 학자'로 명명했고 천을 두르게 했다. 그리고 무엇을 물어보고 도움을 요청해도 "공자왈,

맹자왈"이란 말만 반복하도록 했다. 나머지 아이들 모두에게 조선시대 백성 역할을 부여했고, 내 말에 따라 즉흥적으로 몇 초간 상황에 어울리는 말과 행동을 하도록 했다.

"나라에 흉년이 들었습니다. 백성들은 위대한 학자들을 찾아가 어떻게 하면 농사를 더 잘 지을 수 있는지 물어봅니다."

위대한 학자들에게는 계속해서 백성들에게 "공자왈, 맹자왈"만 반복해서 말하도록 했다.

"농사를 잘 짓고, 기술을 발전시켜 더 나은 물건을 만들어보고 싶어 백성들은 위대한 학자들에게 찾아가 물어봅니다."

다시 학자들은 백성을 바라보면서 "공자왈, 맹자왈"을 반복하도록 했다.

"백성들은 병에 걸렸고, 자식들이 죽어가기 시작했습니다. 위대한 학자들에게 가서 어떻게 하면 병을 치료할 수 있을지 물어봅니다."

나는 계속해서 학자들에게 걱정하는 얼굴로 백성을 바라보면서 "공자왈, 맹자왈"을 말하도록 했다. 그런 뒤, 활동을 멈추고 백성 역할을 하는 학생들에게 물었다.

"어떤 생각이 들었나요? 그리고 어떤 감정이 생겼나요?"

아이들은 소용없는 답만 돌아와서 너무 답답하고, 해결책을 알려주지 않아 짜증난다고 했다. 나는 당시 백성들이 양반이나 관리에게 함부로 그런 마음을 표현하지 못했다고 이야기했다. 그리고 관련된 영상을 잠깐 보여준 뒤 말을 이어갔다.

"그래서 이를 보다 못한 학자들이 생겨났단다. 현실 문제에 관심을 두고 사회를 발전시키려는 실학자들이지."

반 아이들 중 몇 명을 뽑아 '실학자' 역할을 하도록 했다.

"실학자들은 이렇게 이야기해 주세요. 토지 제도를 개선해야 합니다! 농사가 잘 지어지도록 기술을 보급해야 합니다!"

조선 백성 역할의 반 아이들에게는 박수를 치며 환호하도록 했다. 계속해서 실학자들에게 이렇게 말하도록 했다.

"새로운 문물과 기술을 받아들여야 합니다. 상공업을 발달시켜야 합니다."

실학자들 손에 보자기 천을 모두 쥐어주고 실학자들이 연구한 실생활에 도

움되는 책과 자료라면서 백성들에게 나눠주도록 했다.

앞서 등장했던 '위대한 조선의 학자'들과 '실학자'를 교실 앞쪽에 세워놓고 백성들에게 어느 쪽 학자들과 함께 살고 싶은지 이동해 보도록 했다. 아이들은 대부분 실학자 쪽으로 이동했다.

"이렇게 백성들의 마음을 움직였던 실학자는 누가 있었을까? 궁금하지 않니?"라고 말하고 교실을 정리한 뒤 교과서를 폈다. 그런 뒤 대동여지도를 만든 김정호와 〈목민심서〉를 써낸 정약용 등을 함께 공부했다.

13

조선 후기의 서민 문화

●●

조선 후기엔 문화와 예술이 발전했다. 농업 생산력이 좋아지고 상공업이 발전하면서 경제적으로 여유가 생겼기 때문이다. 교과서에서는 한글 소설과 풍속화, 탈놀이, 판소리를 소개하고 있다. 탈놀이와 판소리는 음악 시간에 이미 국악 강사님으로부터 공부를 했기에 우리 교실에서는 '한글 소설'과 '풍속화'를 집중적으로 다루고자 했다. 연극 기법을 활용해 수업을 재구성하고, 글과 영상보다는 실제 조선시대 삶의 일부를 간접 경험하면서 예술 작품을 좀 더 깊게 이해해 보는 시간을 계획했다.

풍속화 속으로

교과서 속 그림과 똑같은 모습으로 몸을 이용해 표현하는 활동을 해보자고 했다. 교과서 그림 중 김홍도의 〈서당도〉를 고른 뒤, 역할을 정하고 당시에 어떤 이야기가 오갔을지 상상해 보도록 했다.

풍속화 재연하기 ————

1 반 아이들을 몇 개의 모둠으로 나눈다. (풍속화에 등장하는 인물 수에 맞춰)

2 함께 모여 그림 속 인물들을 관찰하고 예상되는 대사를 써본다.

3 대사의 순서를 정하고 시작과 끝이 있도록 흐름을 만들어본다.

4 모둠이 논의해 표현하고자 하는 인물을 정하고 주어진 그림과 똑같이 위치와 몸동작을 맞춰 서거나 앉는다.

5 선생님이 몸을 터치하거나 신호를 주면, 해당 사람은 준비한 대사를 말하고 간단한 동작을 보여준다.

6 선생님이 "레디 액션!"이라고 외치면, 시작과 끝이 있는 흐름에 따라 간단한 공연으로 보여준다.

첫 번째 모둠은 숙제를 해오지 않아 학생이 꾸중 듣고 있는 장면을 구성했다.

두 번째 모둠은 공부가 재미없어서 서당에 오지 않은 학생을 훈장이 꾸중하는 내용으로 이야기를 꾸몄다.

대사를 한 명씩 들어보고 흐름에 맞춰 말하고 행동하도록 했다. 그랬더니 짧은 연극이 그 자리에서 뚝딱 만들어졌다. 울고 있던 학생에게 초점이 맞춰져 이야기가 만들어졌는데, 공부가 재미없어 서당에 오지 않았던 학생이 꾸중을 듣는 장면, 숙제를 해오지 않아서 꾸중을 듣는 장면이 연출됐다.

두 모둠의 이야기를 서로 비교해 보고 왜 그렇게 이야기를 구성했는지 설명을 듣는 것도 좋았다. 시간이 충분했다면 교과서 외의 여러 재미있는 그림을 가지고 만들어보고 싶었다(아이들과 활동하기에 신윤복보다는 김홍도의 〈씨름〉 같은 작품이 더 어울릴 듯하다).

이렇게 〈서당도〉를 교실 속에서 재연한 아이들과 이야기를 나누었다. 혼나면서 우는 아이는 정말 부끄러웠겠다면서 인권에 대한 이야기도 했고, 훈장님이 회초리로 때렸다는데 그 당시에 태어나지 않아서 다행이란 이야기도 나왔다. 무엇보다 많은 아이들이 이런 환경에서 공부한 조상들이 대단하다면서 잠간 쪼그려 앉았는데도 다리가 너무 아파 힘들었다고 했다. 타임머신을 타고 지금 우리 교실에 오면 편안하게 공부해서 좋겠다는 등 아이들의 이야기가 앞의 활동으로 만들어져 재미있는 수업 시간이 되었다.

한글 소설 공연하기

교과서에는 한글 소설 중 〈홍길동전〉, 〈춘향전〉, 〈심청전〉, 〈흥부전〉, 〈장화홍련전〉이 소개된다. 이미 어느 정도 알고 있는 작품이라고 생각했지만, 아이들이 자세한 내용은 잘 모르고 있었다. 글과 책으로 소개하면 몰입도가 떨어지고, 영상 자료를 연속으로 보는 것도 무리가 있겠다는 생각이 들었다. 그래서 짧은 연극을 모둠별로 만들어보도록 했다.

이번 활동은 오래전부터 개발해 교실에서 사용해 왔던 '해설이 있는 역할극' 기법을 사용했다. 모둠을 구성하고 내레이터가 한 문장 정도의 해설을 읽으면, 역할을 맡았던 학생은 그 문장에 맞게 몇 초간 즉흥적으로 공연하게 되는 방식으로 국어와 도덕 시간에 자주 사용했던 기법이다.

해설이 있는 역할극 ──

1 만들고자 하는 한글 소설 수만큼 모둠을 구성한다.

2 모둠별로 한글 소설 제목을 부여한다.

3 10분 정도 부여받은 한글 소설 스토리를 조사한다.

4 5분 동안 6~10줄 정도의 해설 글을 쓴다. (시작과 끝이 있도록)

5 쓴 해설 글에 맞춰 역할을 정하고, 한 명의 내레이터를 정한다.

6 해설에 맞춰 즉흥적으로 공연 연습을 한다.

7 정해진 시간이 지나면 순서에 따라 공연한다.

대본을 쓸 때는 A4 용지 1/4 정도 되는 종이를 주고 해설 글이 종이 공간을 넘지 않도록 안내했다. 그래야 짧고 명료한 공연이 만들어지기 때문이다. 10문장 정도만으로도 내용이 잘 요약되면 공연이 가능한데, 시

작과 끝이 있도록 해설을 쓰는 게 좋다. 칠판 앞쪽을 무대로 하고, 공연할 학생들은 양 가장자리에 있다가 필요한 순간에 가운데로 등장할 수 있도록 했다. 해설을 읽는 학생은 목소리가 잘 들려야 하기 때문에 나와 관객(다른 학생들)이 있는 쪽에 위치하도록 했다. 의자 등 소품을 사용하지 않도록 하고(마임을 하듯 투명 소품 이용), 보자기 천으로 인물을 구별하는 정도만 허용했다.

해설이 있는 역할극 공연은 우선 해설자(내레이터)가 한 문장을 읽으면 그 역

할에 해당하는 사람은 문장을 듣고 1~3초간 즉흥 연기를 하고 정지한다. 연기가 멈추면 해설자는 그다음 한 문장을 읽는다. 문장 읽기를 멈추면 연기자는 그에 맞춰 1~3초간 연기하고 정지한다. 이렇게 문장 읽기, 짧은 즉흥 연기순으로 약 10개의 문장에 맞춰 공연을 진행한다. 모든 공연이 끝나면 해설자가 "이상입니다"라고 끝을 알려준다.

다음은 아이들이 만든 대본의 예다. 이야기를 자세히 소개하기보다 전체적인 요약, 흐름을 표현하도록 했더니 다음과 같은 대본이 나왔다.

장화와 홍련

1. 장화와 홍련이 있었습니다.
2. 새엄마는 장화와 홍련을 싫어했습니다.
3. 새엄마는 꾀를 부려 장화를 연못에 빠뜨렸습니다.
4. 홍련도 슬퍼하며 연못에 빠져 죽었습니다.
5. 장화와 홍련은 귀신이 되어 사또 앞에 나타나 한을 풀어달라고 했습니다.
6. 사또는 새엄마를 찾아가 벌을 주었습니다.

흥부와 놀부

1. 흥부와 놀부가 있었습니다.
2. 놀부는 아버지의 재산을 독차지하고 흥부를 쫓아냈습니다.
3. 어느 날 흥부 집 지붕에 둥지 하나가 생겼습니다.
4. 어느 날 구렁이가 둥지를 공격했고 새끼 까치가 떨어졌습니다.

5. 흥부는 새끼 까치의 다리를 고쳐주었습니다.

6. 새끼 까치가 준 박씨를 심었더니 박이 자랐고 보물이 나와 부자가 되었습니다.

7. 이 소식을 들은 놀부는 까치의 다리를 부러뜨리고 박씨를 얻었습니다.

8. 박을 갈랐더니 도깨비, 괴물, 똥물이 나와 놀부는 거지가 되었습니다.

홍길동전

흥부놀부전

장화홍련전

장화홍련전

공연을 보는 내내 아이들은 깔깔댔고, 나는 공연에서 나오지 않았던 이야기나 당시 조선시대에 왜 이런 이야기가 백성들에게 인기 있었는지 등을 공연과 공연 사이에 설명했다.

수업이 끝난 뒤, 아이들은 앞서 다뤘던 한글 소설을 도서관에서 빌려와 읽기 시작했다. 그 모습을 보고 다음에 수업을 진행한다면 바구니에 관련 책들을 모아 교실 한쪽에 두고 미리 읽도록 한 뒤 내용을 요약해 연극을 만들도록 하는 것도 좋겠다는 생각이 들었다. 책 읽기를 좋아하지 않는 학생들은 쉬는 시간에 크롬북(노트북)을 이용해 유튜브 영상을 찾아보는 모습도 보였다. 어떤 모습이든 아이들의 관심이 생긴 것만으로도 좋았다.

 준호샘의 수업 팁

'해설이 있는 역할극'은 다양한 주제에 사용될 수 있다. 역사적인 글을 읽고 난 뒤 그 내용을 짧은 공연으로 만들어보거나 역사 속 인물에 대한 삶을 이야기로 만들어 공연으로 표현해 보는 등 여러 역사 수업에 활용할 수 있다. 도덕과 국어 등 다른 교과에도 다양하게 응용하여 적용할 수 있다.

14

병인양요

••

어린 고종이 왕이 되고 그의 아버지(흥선대원군)가 등장하던 시기, 교과서에는 프랑스의 침략인 병인양요와 미국의 침략인 신미양요, 일본과의 강화도 조약에 대한 내용이 나온다. 먼저 미국과 프랑스의 침략에 대해 한 차시 수업을 준비하면서 외규장각의 여러 책과 보물을 약탈해 갔던 프랑스와의 병인양요를 집중적으로 다뤄보면 좋겠다는 생각이 들었다(이 부분은 교과서에서도 많은 비중으로 다루고 있다). 특히 전투가 등장하기에 대결 구도의 놀이를 활용해서 수업을 재구성하였다.

프랑스와 조선의 대결

'프랑스의 침입'에 대한 내용을 이야기하자 앞서 했던 수업 때문이었는지 아이들의 눈이 반짝거렸다. 교실 안에서 전투를 재연할 텐데 승부가 아닌 어떤 일이 있었는지를 간접적으로 경험하면 좋겠다는 이야기를 먼저 하고, '뒤집어 뒤집어'(교실놀이백과239, 270p) 놀이를 진행했다.

"당시 외교 관계를 맺자면서 여러 나라가 요청을 했는데 조선은 매번 거절했단다. 그러다가 1866년 프랑스가 병인박해(천주교를 탄압하고 프랑스 선교사들과 신자들을 처형한 사건)를 구실로 통상을 요구하며 강화도를 침략했지. 조선은 군대를 보내 전투를 벌여 물리쳤는데 당시 상황을 간단한 놀이로 재연해 볼거야. 역사를 이해하기 위한 활동이기 때문에 이기거나 지는 것에 너무 민감해하지 않도록 하자꾸나."

프랑스 vs 조선, 뒤집어 뒤집어 ──

1 반 아이들을 두 팀으로 나누고, 한쪽은 프랑스, 다른 한쪽은 조선이 된다.

2 각 팀은 교실 가장자리로 각각 이동한다.

3 공간 중앙에 뒤집어 판을 앞면과 뒷면이 골고루 보이도록 펼쳐놓는다.
(뒤집어 판은 씽킹보드를 활용한다.)

4 앞면은 프랑스, 뒷면은 조선으로 정한다.

5 신호에 맞춰 각 팀의 대표 3명이 나와 뒤집어 판을 자신의 편에 유리하게 뒤집는다.

6 정해진 시간이 지난 뒤 뒷면이 더 많은 쪽이 승리한다.

"지금부터 프랑스 대 조선 사이의 뒤집어 뒤집어 전투를 치러보겠습니다."

놀이 시작을 알린 뒤 30초 동안 시간을 주고 각 팀에서 3명씩 나와 판을 뒤집도록 했다.

공간 중앙 한쪽에는 상자를 놓고 '외규장각'이라고 이름을 붙여놓았다. 수업 초반에 강화도에는 '외규장각'이 있었고 중요한 서책 등이 보관되었다는 말을 살짝 언급했다.

반 아이들을 두 팀으로 나누어 색이 다른 보자기 천을 나눠주고 망토처럼 두르게 했다. 천을 두르는 동안 나는 프랑스군 쪽으로 가서 조선군에게 들리지 않도록 이야기했다.

"전투가 벌어지는 동안 한 명은 몰래 계속해서 외규장각 보물을 하나씩 들고 오는 거야. 프랑스군의 진정한 목표는 전투 승리라기보다 바로 보물 약탈이지. 뒤집어 게임은 져도 괜찮아. 보물을 걸리지 않도록 잘 가지고 오렴."

이렇게 프랑스군에게 따로 목표를 주고 보물을 약탈할 프랑스군 한 명도 지정했다. 놀이는 세 번을 진행했고, 매번 다른 3~4명이 나와 전투를 치렀다. 그리고 끝내 조선군이 승리했다. 하지만 그사이 프랑스군 한 명은 조선군 몰래

외규장각 보물을 모두 약탈했다.

 놀이에서 승리한 조선군 역할의 학생들은 실제 역사처럼 자신들의 승리를 기뻐했다. 나는 조선군에게 다가가 승리한 소감도 물어보고 축하한다는 말을 건넸다. 그리고 이렇게 물었다.

 "그런데 외규장각에 보관되어 있는 귀한 책과 보물은 모두 어디 있니?"

 이 말에 상자 쪽으로 다가가 내용물을 살펴보고 "어?" 하더니 당황해했다. 반대쪽에 있던 프랑스군 역할의 학생들은 천(외규장각의 보물)을 하늘로 던지며 깔깔대며 웃었다.

 "당시 조선군은 강화도에서 치러진 전투에 이기긴 했지만 프랑스에 귀중한 책과 무기, 곡식 등을 빼앗겼단다. 그 책의 일부가 '의궤'란다."라며 관련 자료

들을 보여주었다. 그리고 느낌을 조선군 역할의 학생들에게 물어봤다. "승리했지만 승리가 아니네요, 너무 당황스러워요." 등의 답이 돌아왔다. 이 일뿐만 아니라 미국이 군함을 이끌고 와 강화도를 침략했던 신미양요, 광성보 전투 이야기와 함께 조선군이 전멸했지만 미국이 조선을 포기하고 물러난 것, 미국에 빼앗긴 수자기 등에 대한 내용을 교과서로 함께 공부했다.

"이렇게 프랑스, 미국 등의 침략을 받은 뒤, 너희가 조선 왕이고 백성이라면 외국 세력에 대해 어떤 생각을 했을까?"라고 물어봤다. 도둑처럼 느껴지고, 적으로 느껴지면서 한편으론 무서웠겠다는 답이 나왔다. 그래서 조선군 역할의 학생 한 명을 뽑아 다른 색깔의 보자기 천을 씌우고 '흥선대원군'으로 지정했다. 모든 조선군 역할의 학생과 함께 프랑스 쪽을 향해 "침략 멈춰!!"라는 이미지로 세웠다. "무엇을 멈추라고 했을까?"라며 반 아이들에

게 물어보면서 외세가 침범했는데 싸우지 않는 것은 곧 나라를 팔아먹는 것이
라는 척화비의 글을 소개했다.

　교과서와 관련된 자료를 통해 신미양요, 병인양요에 대해 공부하고 마무리하
면서 "하지만, 끝내 개항하게 된단다. 그것도 일본에 말이야. 이건 다음 시간에
함께 알아보자꾸나."라는 말로 수업을 마무리했다.

15

강화도 조약

●●

허락 없이 다가오는 일본의 군함 주변에 조선은 경고의 의미로 대포를 쐈는데 일본은 이를 계기로 초지진을 공격하고 영종도에 상륙했다. 당시 일본의 운요호는 함포 사격으로 초지진을 파괴하고 다음 날 민간인을 살상하고 노략질한 뒤 돌아갔다. 그러고도 일본은 조선에 사건의 모든 책임을 뒤집어씌웠고 강압으로 개항을 강요하는 '강화도 조약'을 체결하기에 이른다. 일본과 조선 간 전투에서 무기의 수준이 달라 조선이 패했던 상황을 교실 속에서 전투로 치러 보고, 불평등한 강화도 조약이 어떤 수준이었는지도 연극으로 재연해 보았다.

일본과 조선의 초지진 전투

임진왜란 때 일본과 전투를 벌인 적이 있어서 그와 비슷한 활동을 진행하고자 했다. 임진왜란 때는 상대방 영역으로 더 많이 던진 신문지 덩이의 개수로 승부를 냈다면, 이번에는 '신문지 눈싸움 1탄'(교실놀이백과239, 300p)을 이용해 전투를 재연했다. 눈싸움처럼 신문지 덩이를 던져 상대를 맞히는 놀이인데, 날아오는 신문지를 막을 수 있는 도구의 차이를 만들어 당시 일본과 조선의 무기와 전투 기술을 체감할 수 있도록 했다.

초지진 전투 ——

1. 반 아이들을 두 팀으로 나누고 한쪽은 조선, 다른 한쪽은 일본 역할을 하게 한다.

2. 조선은 신문지 2장으로 방어벽(산성)을 만든다.

3. 일본은 보자기 천 3장으로 방어벽(군함)을 만든다.

4. 신문지를 절반으로 잘라 뭉쳐서 신문지 눈덩이를 만든다.

5. 신호에 맞춰 신문지 눈싸움을 한다.

6. 날아오는 신문지에 맞으면 전사하는 것으로 약속하고 뒤쪽으로 이동한다.

7. 각 팀은 방어벽을 위아래로 이동시켜 날아오는 신문지를 막을 수 있다.

8. 정해진 시간 동안 활동한 뒤 남아 있는 사람이 많은 쪽이 승리한다.

조선 역할을 하는 학생들에게 신문지 2장을 주고 앉도록 해 '성벽'이라고 했다. 일본에는 보자기 천 3개를 주고 높게 설치하여 '운요호의 철판'이라고 했다. 조선 역할의 학생들이 너무 불리하다고 했지만, 당시의 전력 차이를 재연하

는 것이니 전에 프랑스를 이겼던 것처럼 일본도 이겨볼 수 있지 않겠느냐며 한 번 해보자고 했다. 신문지를 던져 상대방을 맞히면 되고, 신문지나 천은 위 아래로 이동해 날아오는 신문지를 막을 수 있다고 했다.

운요호에 해당하는 천은 옆줄을 맞추면 전후좌우로 조금씩 움직일 수 있지만, 신문지로 만든 성벽은 움직일 수 없도록 했다. 천과 신문지를 들고 있는 역할은 맞아도 놀이에서 아웃되지 않고, 사람에 해당된 역할만 신문지에 맞으면 자신의 진영 뒤쪽 벽으로 이동하기로 했다.

첫 번째 전투는 이동하지 않고 신문지만 던져 서로를 맞히도록 했다. 아이들은 날아오는 신문지를 이리저리 피하고 던지면서 상대 인원을 조금이라도 더 줄이기 위해 애썼다. 시간이 꽤 지나도록 승부는 쉽게 나지 않았다.

운요호의 함포 사정거리가 조선에 비해 길었고, 함포로 초지진이 박살났다는 것에 착안해 놀이 규칙을 더 변형했다. 일본 쪽에 붉은색 보자기를 여러 개 주고 "신문지는 소총에 해당되지만 보자기는 함포에 해당된단다. 함포가 초지진 벽(신문지)에 맞으면 박살 나는 것이고 해당 학생은 공간 뒤쪽으로 이동하면 된단다." 그리고 조선군 쪽으로 고개를 돌려 "어쩌지? 함포에 맞으면 더 이상 조선군을 지켜줄 방패 벽이 사라지는데. 그래도 최선을 다해 조선을 지켜주렴. 너희밖에 없어!"라고 말하곤 다시 전투를 진행했다.

함포를 사용하자마자 초지진은 박살 났고, 지켜줄 수 있는 방어벽이 사라진 조선군은 날아오는 신문지와 천(함포)에 맞기 시작했다. 운요호를 앞으로 한 걸음씩 이동하도록 해 조선군 진영까지 도달하도록 했다. 그 결과 조선군은 전멸했다.

"화력이 이렇게 차이가 났기에 조선군이 질 수밖에 없었단다. 당시 개항하지 않은 조선은 무기가 개량되지 않았고, 서양에 개항했던 일본은 배와 무기에서 보다 앞선 기술로 이렇게 전투에 참여했지."

조선군 역할을 했던 학생들에게 패배의 기분을 물어보았다. 분하고, 다시 전투를 치르고 싶다고 하기도 했다. "분하고 억울한 마음은 여기서 끝이 아니란다."라며 조선군 2명을 뽑아 일본 앞쪽에 세우고 고개를 숙여 종이를 받도록 했다. 종이에는 당시 일본과 맺었던 조약 중 3개의 문구를 적어두었다. "이렇게 조선은 일본이 요구했던 조항을 받아들일 수밖에 없었는데 한 번 들어보자꾸나."라며 일본 역할을 하는 학생들에게 크게 읽어달라고 했다.

제1조. 조선은 자주적인 나라로, 일본과 평등한 권리가 있다.

제7조. 조선의 해안을 일본이 자유로이 측량하도록 허락한다.

제10조. 개항한 항구에서 일본인이 죄를 지어도, 조선 정부가 심판할 수 없다.

각 문항마다 어떤 의미가 담겨 있는지 들려주며, 왜 '불평등 조약'이라고 하는지 생각해 보도록 했다. 그런 뒤, "일본은 이를 계기로 조금씩 조선에 개입하고 간섭하고 점차 나라를 차지하기 위한 발걸음을 시작하게 됐단다. 일본은 얼마나 좋았겠니."라며 일본 역할의 학생들에게 신나게 기뻐하도록 했다.

이 모습까지 지켜본 조선 역할의 아이들은 "정말 분하고 화난다, 수치스럽다, 조선이 일본에 억지로 문을 열어줘야 했던 이유를 알 것 같다, 일본이 얄밉다, 일본이 우리보다 땅도 넓은데 왜 조선을 빼앗으려 하는지 욕심이 끝이 없다"는 등의 이야기를 했다.

교실을 간단히 정리하고 교과서와 관련 자료로 공부를 한 뒤 다음 멘트로 수업을 마무리했다.

"일본의 침략은 이제 시작이란다. 앞으로 더 아프고 힘들었던 역사를 만나게 될 거야. 마음의 준비를 단단히 하렴. 그런 순간에도 우리가 역사 공부를 처음 시작했을 때 짠하고 불쌍하다고 바라보는 것보다 그 모든 순간을 끝내 이겨낸 대단한 민족이라는 것을 기억하길 바란단다."

16

동학 농민 운동

••

　동학 농민 운동을 공부하기 위해서는 고부 군수 조병갑의 횡포부터 살펴봐야 했다. 군수의 아버지를 칭찬하는 내용의 비석을 세우는데 돈을 내지 않아 처벌하고, 농사에 사용한 물값을 내지 않았다는 이유로 곤장을 때리고, 이웃과 친하게 지내지 않았다는 이유로 옥에 가두고 돈을 내야만 풀어줬던 일 등 당시 농민들이 왜 분노했는지를 알아야 했다. 그래서 이 부분을 재연하고, 동학 농민군이 일본군과의 대결에서 크게 패했던 상황도 놀이를 통해 알려주고자 했다.

고부 군수의 횡포

　연극으로 당시의 상황 일부를 재연할 필요가 있어서 이번에도 '이야기 체험하기' 기법을 사용했다. 반 아이들 중 한 명에게 고부 군수 역할을 부여했고, 나머지 반 아이들은 농민 역할을 하기로 했다. (앞서 공부했던 세도 정치 부분에서 관직을 사고파는 것에 대해 이미 공부를 했기에) 고부 군수는 관직을 돈으로 샀고, 지금은 수중에 돈이 없는 상태이지 않았을까라는 가정에서 출발했다.

"조병갑이란 사람이 고부지역 군수로 왔습니다."라고 말하고 교실 앞쪽에 의자 하나를 놓고 고부 군수 역할을 할 학생을 앉혔다. "여기까지 오는데 돈이 많이 들었는데, 앞으로 이 고부 지역에서 어떤 일을 하고 싶나요?"라고 고부 군수 역할의 학생에게 물었다. 그러자 "돈을 다시 모으고 싶습니다."라고 답했다.

백성 역할의 반 아이들에게 보자기 천을 하나씩 나눠주고 이게 돈이라고 했다. 고부 군수에게는 원하는 사람을 지목하고 그의 돈을 가지고 갈 수 있다고 했고, 백성에게는 힘없이 빼앗기는 행동을 하라고 했다. 몇 명의 돈을 취한 고부 군수에게 물어봤다.

"여기서 멈추고 싶나요, 더 모으고 싶나요?"

그러자 돈을 더 모으고 싶다고 했다. 그렇게 고부 군수 역할의 학생은 농민들의 돈 대부분을 모아 양팔에 가득 감쌌다.

농민 역할을 하는 반 아이들에게 "흉년이 와서 백성들은 군수에게 도와달라고 합니다."라며 돈과 식량을 나눠달라고 애원하도록 했다. 고부 군수에게 "싫어!"라고 말하도록 한 뒤, 농민들에게는 아파서 약을 사야 하니 돈을 달라고 다시 애원하도록 했다. 역시 고부 군수에겐 "싫어!"라는 대답을 하도록 했다. 반 아이들에게 "지금 마음은 어떠니?"라고 물었다. 양팔 가득 보자기 천을 쥐고 있는 군수를 바라보며 짜증 나고, 화나고, 답답하다고 했다.

"이건 아무것도 아니었단다."라며 교과서와 역사에 기록된 에피소드 몇 개를 재연했다. 농사에 사용한 물값을 내지 않았다는 이유로 곤장을 맞는 모습, 전봉준의 부친이 부당한 부조금을 항의하러 갔다가 곤장을 맞아 죽었던 일 등을 장

면으로 만들었다.

　이 상황을 지켜보던 농민 역할의 반 아이들에게 당시에 살고 있었고, 내가 농민이라면 어떤 마음이 들었을지 물었다. 그리고 한 명에게 '전봉준' 역할을 주고 아버지가 곤장을 맞아 죽었는데 어떤 생각이 들었고 앞으로 어떻게 하고 싶은지 물었다. 그러자 너무 화가 나고 억울해서 자신도 똑같이 곤장을 때려주고 싶다고 했다. 전봉준 역할의 학생을 세우고 옆에 학생 몇 명을 세운 뒤 "이렇게 화나고 속상한 마음에 농민들이 군사를 일으켰단다. 이게 동학 농민 운동의 시작이었어."라면서 동학 농민 운동이 왜 발생했는지 추가 자료를 보여주며 함께 공부했다.

　"이 농민들이 무엇을 했을지 더 알아볼까?"라고 말한 뒤에는 동학 농민군 역할의 학생들에게 조병갑이 손에 꽉 쥐고 있던 돈과 곡식을 다시 가져와 농민들에게 나눠주도록 했다. 그리고 교과서에 수록된 동학 농민군의 개혁안을 함께 읽어보고, 왜 이런 주장을 하게 되었는지 앞의 상황과 연결해 그 이유를 살펴보도록 했다.

조건이 달랐던 싸움, 우금치 전투

변변한 무기가 없었던 동학 농민군이 기관총으로 무장한 일본군에게 크게 패했던 사건을 간단한 활동으로 다루고 싶었다. 그래서 '손바닥 씨름'(교실놀이 백과239, 480p)을 재구성했다. 이 활동은 두 명이 서로 마주 보고 손바닥을 쳐 중심을 잃게 만드는 간단한 활동인데, 기관총으로 중무장한 일본과 농기구를 든 농민군과의 싸움이라는 성격에 맞춰 변형했다.

> ## 손바닥 씨름 ——
>
> 1 반 아이들을 두 팀으로 나누고 한 줄로 세운 뒤 마주 보게 한다.
>
> 2 한쪽은 일본, 다른 한쪽은 동학 농민군 역할을 한다.
>
> 3 두 손바닥을 마주 대고 있다가
>
> 4 신호가 떨어지면 손바닥을 치거나 피한다.
>
> 5 발이 바닥에서 떨어지면 진다.

"청나라가 군대를 보내자 일본도 군대를 보냈단다. 농민군은 외국의 군대 개입이 싫어 스스로 흩어졌지. 하지만 청나라와 일본이 전쟁을 조선에서 벌였고 일본이 승리했어. 그 결과 일본은 조선의 정치에 관여를 하기 시작했지. 그래서 다시 농민군들이 일어났단다."라며 아이들을 두 팀으로 나눴다.

"하지만 일본은 무기가 강했단다. 농민군은 대나무 창이나 농기구로 싸웠는데 일본은 소총과 기관총으로 무장했지. 무기의 차이를 놀이에 더할 거야."라며

마주 보고 있던 일본군 쪽으로 다가가 여러 일본군들에게 가장 앞에 서 있는 사람 어깨에 손을 올리고 있도록 했다.

"무기 차이는 처음부터 이런 구조로 전투를 하는 것과 같아." 그러자 반 아이들은 "이걸 어떻게 이겨요?"라며 난색을 표했다. "당시 농민군도 그걸 알면서도 전투를 치렀단다. 미리 포기하지 말고 그래도 어떤 결과가 생길지 모르니 해 보자꾸나."라며 일본군 대 농민군 전투를 진행했다.

일본군 뒤에는 한 명씩 더 세우고 앞 사람을 지지하도록 했다. 일본군 숫자를 늘려 더 큰 무기라고 하면서 두 명을 세우고 '소총'이라 했고, 5명을 뒤에 세운 뒤에는 '일본군의 기관총'이라고 이름 붙인 뒤 손바닥 씨름을 진행했다.

몇 번을 해도 농민군 역할의 학생들이 손바닥 씨름에서 질 수밖에 없었다. "당시 일본군과 농민군의 싸움은 이렇게 조건이 달랐단다. 그래서 농민군이 많이 죽었고, 공주 우금치 전투에서 패배했어."

활동하면서 들었던 생각과 느낌을 아이들에게 물었다. 반 아이들은 일본이 조선에 그만 좀 쳐들어 왔으면 좋겠다, 당시의 농민군들이 불쌍하고 안쓰럽게 느껴졌다, 너무 불리한 상황에서 싸워서 속상하다는 이야기를 들려주었다.

　관련 자료들을 보여주고 교과서를 들고 함께 공부한 뒤, "이렇게 동학 농민 군은 후퇴를 계속하다 해산하고, 전봉준도 결국 잡혀서 죽게 됐단다."라고 이 야기했다. "안타까워요."라는 반 아이들에게 "자, 동학 농민 운동은 이렇게 마무리되었지만 이 정신은 나중에 의병, 독립군 정신으로 이어지기도 해. 돌아가 신 분들을 떠올리면서 동학 농민군이 어떤 이미지로 기억되면 좋을지 너희들 만의 이미지로 표현해 보렴."이라고 말했다.

17

을미사변

청일전쟁에서 승리한 일본은 조선의 정치에 더욱 간섭을 하고, 청일전쟁에서 차지한 랴오둥반도를 삼국(러시아, 프랑스, 독일) 간섭에 의해 청국에 반환하게 된다. 이를 계기로 고종과 명성황후는 러시아 세력을 끌어들이는 등의 외교적인 노력을 한다. 이 흐름을 어떻게 이해시키면 좋을지, 그리고 일본이 왕비를 살해했던 역사를 어디까지 수업으로 다뤄야할지 고민이 많았다. 우선 '이야기 체험하기'와 '인간 찰흙 놀이' 기법을 적용하기로 했다.

러시아와 손을 잡다

나라와 나라 사이의 일을 사람과 사람 사이에 일어난 일로 풀어서 알려주면 아이들이 잘 이해한다. 그래서 '이야기 체험하기' 기법을 먼저 활용했다. 일본, 프랑스, 러시아, 독일 역할을 할 학생을 뽑은 뒤 '왕비' 역할의 학생을 정하고,

모두 다른 색 보자기 천을 주어 역할을 구분했다.

"청나라와의 전쟁에서 이긴 일본은 땅을 갖게 되어 신이 났습니다."

바닥에 보자기 천 두 개를 깔아놓고 일본 역할의 학생에게 기뻐하는 모습을 보여달라고 했다.

"그런데 러시아, 프랑스, 독일이 다가와 그 땅을 돌려주라고 합니다."

"고민하던 일본은 땅을 돌려주고 물러납니다."

"그 모습을 왕 옆에서 정치를 돕던 왕비가 보았습니다."

"일본은 조선에 함부로 했지만, 러시아, 독일, 프랑스엔 고개 숙이고 눈치를 봅니다."

이런 장면을 차례로 만든 뒤 '왕비' 역할을 하는 학생에게 다가가 물었다.

"땅을 돌려주는 일본을 보니 어떤 생각이 드나요?"

일본이 강한 줄 알았는데 더 강한 나라가 있다는 것을 알겠다고 했다. 이어서 "일본보다 강한 나라를 발견했는데 어떻게 하고 싶나요?"라고 물었더니 힘이 센 나라와 친하게 지내고 싶다는 답이 돌아왔다. 그래서 "왕비는 러시아에 하트를 보내고 러시아 손을 잡고 친하게 지냈습니다."라고 표현할 문장을 주었다.

그런 뒤, 일본 역할을 맡은 학생에게 다가가 물어봤다. "왕비가 나보다 더 힘이 센 친구랑 지내고 나에게 고개 쳐드는 것을 보니까 어떻게 하고 싶나요?"라고 하자 "네가 뭔데?"라는 반응과 함께 왕비를 바라보며 "가만 두지 않겠어."라고 했다.

"그래서 일본은 어떤 선택을 했을까요?"

앞서 진행된 장면을 바라보던 반 아이들에게 물었다. 이미 독서와 영상 등으로 정보가 있던 아이들은 "명성황후를 죽여요!"라고 답했다.

왕비가 시해당하던 날

일본인이 경복궁에 침입해 왕비를 시해하던 장면을 만들어보고자 했다. 앞서 여러 수업에서 진행했던 '인간 찰흙 놀이'(교실놀이백과239, 420p)를 조금 더 변형했다. 원래의 놀이는 두 명이 짝이 되어 한 명이 조각가, 다른 한 명이 찰흙이 되어 활동하지만, 이번에는 모둠 활동으로 변형했다.

시해 장면 조각하기 ——

1 교실 중앙에 의자를 놓고 왕비를 앉도록 한다.

2 반 아이들을 몇 개의 모둠으로 나눈다. (짝수가 되게)

3 모둠 절반은 당시 왕비 옆에 있었던 궁궐 안 사람 중 한 사람을 조각하기로 한다.

4 나머지 모둠 절반은 왕비를 시해하러 온 일본인을 조각하기로 한다.

5 (3~4명으로 구성된) 각 모둠은 한 사람을 찰흙으로 선정하고 나머지 사람들은 조각가가 되어 머리를 맞대어 몸 조각을 만든다.

6 정해진 시간이 지나면, 차례로 모둠이 만든 조각을 왕비를 중심으로 배치한다. (궁궐 안 사람, 일본인, 궁궐 안 사람, 일본인… 이렇게 배치해야 스토리가 만들어지고 어우러져 하나의 장면이 연출될 수 있다.)

7 차례가 뒤인 모둠은 앞서 배치한 조각들과 어울리게 모둠에서 만든 조각을 배치한다.

8 완성된 전체적인 장면을 보고 반 아이들과 함께 이야기 나눈다.

일본인을 조각해야 하는 모둠에겐 신문지 한 장을 돌돌 말아 '칼'이라며 줬고, 궁궐 안 사람을 조각해야 하는 모둠에게는 피를 표현해야 할 때 붉은색 보자기 천을 사용하도록 안내했다.

"궁궐 안에는 다양한 사람이 있었을 거라 생각합니다. 호위무사일 수도 있고, 궁녀일 수도 있고, 신하일 수도 있겠지요. 상상력을 발휘해 보세요."

일본인을 조각해야 하는 모둠에게는 "칼을 들고 잔인하게 협박하는 무서운 조각을 만들어보세요."라고 요구했다. 그리고 모두에게 "조각을 다 완성한 뒤 모두 합체해 볼 예정입니다. 개별로 만든 조각이 나중에 한 곳에 모이게 될 예정이니 궁궐 안 사람을 조각해야 하는 모둠은 근처에 무서운 일본인이 있다는 가정으로 조각하고, 일본인은 내 앞에 궁궐 사람이나 왕비가 있다는 가정을 하고 조각해 주세요."라고 했다.

시간이 조금 지난 뒤, 나는 왕비를 교실 앞쪽 중앙에 위치시켰다. 그리고 앞서 일본 역할을 했던 학생을 앞으로 나오도록 해 '명령을 한 일본'이라고 지정한 뒤 적당한 거리를 두고 세웠다. 각 모둠에게는 이 두 조각을 중심으로 몸 조각을 세워달라고 했다. 그다음 모둠에겐 앞서 세워진 조각과 어울리게 자신들의 조각을 세워달라고 했다. 그렇게 일본, 조선, 일본, 조선, 일본 순서로 조각이 세워졌고, 왕비가 시해되던 장면이 만들어졌다.

조각이 배치되자 각 모둠 조각가들에게 "조각에 어울리는 대사를 한 문장 정도씩 만들어주세요. 조각들 배치에 따라 다른 모둠과 서로 이야기를 나누고 스토리가 진행될 수 있도록 함께 논의해도 좋습니다."라며 전체적인 장면에 맞는 대사를 만들 수 있는 시간을 주었다. 각 모둠은 재빨리 앞으로 나가 자신들이 만든 조각에 대사를 알려주고 돌아왔다.

내가 손이나 어깨를 터치하면 자신의 대사 한 문장을 말하도록 약속하고 나는 이야기를 진행하며 조각을 터치하는 식으로 간단한 연극을 만들어갔다. 전체적인 장면을 보고 일본 명령권자부터 시작해 궁궐 안 사람 등에게 내가 이야기하면서 조각에 터치해 대사를 들어보는 방식으로 진행했다.

먼저 일본인 대장 쪽으로 걸어가 "왕비를 죽이기 위해 일본이 명령을 내렸지요."라면서 일본인 대장 손을 터치했다. "애들아, 가서 왕비를 죽여라!"라는 대사가 나오자 나는 왕비 오른쪽에 있던 조각으로 다가가 "일본인이 오자 궁궐의 수비대와 신하들은 왕비를 지키기 위해 최선을 다했지요."라면서 터치했다. "왕비를 죽이지 마!"라고 외치자 그 앞에 있던 일본인 조각을 터치했다. "그냥 여기 있는 사람 다 죽일 거야!"라고 말을 하며 천천히 칼을 휘둘러 앞의 조각에 대도록 했다. 나는 고개를 돌려 반 아이들을 바라보고 "이렇게 막다가 많은 사람이 죽었답니다."라며 왕비의 오른쪽에 있던 조각을 눕히고 붉은색 천을 옆에 깔았다. 이어서 천천히 걸어가 바닥에 있던 궁궐 안 사람 조각으로 걸어가 손을 터치했다. "왕비는 안돼!!"라는 대사를 하자 뒤에 있던 일본인을 터치했다. "잘 가라" 하면서 앞의 조각을 천천히 베었다. 나는 왕비 뒤쪽으로 걸어가 "끝내 왕비는 일본인 눈에 띄었고 일본인에 의해 죽게 됐습니다."라며 일본인 조각을 터치했다. "네가 여왕이로구나! 죽어라!"라며 왕비를 찔렀다.

'궁궐 안 사람'에 해당된 조각을 교실 뒤쪽으로 돌아가도록 한 뒤, 왕비를 바닥에 눕히고 천으로 덮어 왕비가 죽었음을 표현했다. 붉은색 보자기 천을 왕비 주변에 깔아놓고 '왕비가 흘린 피'로 표현했다. 일본인 조각들이 앞서 했던 것처럼 내가 말하는 문장에 맞게 몇 초간 즉흥 연기를 해달라고 했다.

"일본인들은 왕비가 죽자 옆에서 춤을 췄습니다."

"일본인들은 죽은 왕비 앞에서 기념사진을 찍었습니다."

"일본인들은 죽은 왕비 주변을 돌며 일본 만세를 외칩니다."

그런 뒤 반 아이들에게 어떤 생각이 드는지 물었다. 화나고 분하다는 아이들에게 활동을 하나 제안했다.

왕비를 시해한 일본인들에게 말해 보기 ——

1 일본인들에게 왕비가 했을 듯한 말을 하거나

2 일본인들의 행위를 보고 느꼈던 감정이나 생각을 표현하거나

3 일본인들을 꾸짖어도 된다.

그 마음과 감정, 생각을 참지 말고 표현해 보도록 했다.

"일본인들이 저렇게 춤추고 기념사진을 찍고 일본 만세라고 외치는 것을 왕비가 죽은 뒤 봤을 텐데, 죽은 상태라서 말은 하지 못하겠지만 분하고 답답했을 겁니다. 여러분이 대신 말해 보는 건 어떨까요?"

그러자 몇 명의 아이들이 돌아가면서 일어나 표현하기 시작했다.

"왕비를 왜 죽였어, 이 나쁜 놈들아!!"

"너희 너무 잔인하지 않니?"

"너희 나라로 꺼져!!"

왕비의 마음을 대신 말해 주어 고맙다면서 또 하나의 활동을 제안했다.

"지금까지 과거의 역사를 재연해 보고 놀이로 사건의 흐름을 알아봤다면, 이번엔 여러분이 역사를 바꿔볼 수 있는 시간을 만들어볼까 합니다. 우리가 타임머신을 타고 왕비가 죽기 바로 직전으로 갔다고 가정해 볼게요. 상상해 봅시다. 돌아가면서 저 장면 속으로 한 명씩 들어가 조각이 되어 서보는데, (너무 폭력적이거나 장난스럽지 않게) 왕비를 구하기 위한 장면 속 일부가 되어 보세요. 여러분이 만든 조각들이 더해져 왕비를 구할 수 있는지 살펴보기로 해요."

한 명이 나가서 조각이 되어 서 있으면 다음 조각으로 나갈 사람은 손을 들도록 했다. 아이들에게는 연두색 보자기 천을 나눠주고 나갈 준비를 하도록 했다.

우리가 바꿔보는 역사

왕비는 우리가 지킨다!

자객의 칼을 손으로 잡아 돕기

등으로 자객의 칼 대신 맞기

일본인 막기!

왕비를 보호하는 보디가드

명령하는 일본인 혼내주기

　한 학생이 나가 왕비 왼쪽의 일본인 칼을 덥석 잡는 조각을 만들었다. 그러자 다른 학생들이 한 명씩 나가 몸으로 왕비의 칼을 막기도 하고, 일본인 대장의 칼을 잡기도 하고, 일본인 멱살도 잡고 둘러쌌다.

　모두가 나와 왕비를 지키기 위한 조각을 만들자 일본인 역할을 하는 학생들에게 다가가 물어봤다. "지금 눈앞에 여러 사람이 둘러싸서 막고 있으니 어때요?" 그러자 일본인 역할의 학생들은 "왕비를 죽이기 어려워요." "사람이 많으니 좀 움츠러들어요."라는 말을 했다. 그리고 이곳에서 나가야 할 것 같다고 해 일본인들을 뒤로 뺐고 도망가도록 했다.

　끝으로 다음과 같은 말로 활동을 마무리했다.

　"외면하고 모른 척하기보다, 한두 사람만 관심 갖는 것보다 모두가 이렇게 지켜나가는 세상이 되면 좋겠습니다. 오늘은 가상이고 상상이긴 했지만 우리 교실에선 여러분 모두의 참여 덕에 이렇게 왕비를 지켰습니다. 이와 같은 일은 다시 일어나지 않겠지만 나와 내 주변 그리고 우리나라를 아프게 하는 일이 있다면 모두가 오늘처럼 구해 보는 일로 연결되면 좋겠습니다."

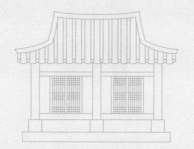

재미와 역동이 넘치는
준호샘의 역사 수업 이야기

Part 3
일제강점기~대한민국

18

의병과 독립운동가

●●

을사늑약 이후 일제는 고종을 강제로 물러나게 하고 대한제국의 군대도 해산시켰다. 일제에 대항해 의병이 일어났고 항일투쟁이 이어진다. 국내외로 이어진 항일운동, 그리고 나중에 이어질 독립운동 등에 나선 많은 사람들은 어떤 마음이었을까? 활동했던 사건을 공부하기 전에 먼저 '의병이 되고자 했던 마음'을 알아보기로 했다. 이런 마음이 앞으로 우리 역사에서 생길지도 모를 어려운 순간에 나라를 지키기 위해 조금 더 '행동'하도록 돕는 일이 아닐까 싶었다.

나라를 구해줘!

이 활동은 '선생님을 구해줘!'(6학년 담임 해도 괜찮아!, 321p)라는 프로그램을 적용했다. 한 학생이 선생님 역할을 하고, 네 가지 사건을 천으로 표현해 선생님을 잡아당기며 힘들게 하는 장면을 만들면, 학생들이 앞으로 나가 선생님을 힘들게 하는 것들을 없애가면서 학생과 교사가 함께 행복한 교실을 만들어가는 활동이다. 선생님 대신 '나라'를, '선생님을 힘들게 한 사건' 대신 '일제가 수탈해 가는 것들'로 바꿔 수업을 재구성했다.

일제로부터 나라를 구해줘! ──

1 반 아이들 중 한 명을 뽑아 '조선(또는 대한제국)'으로 정한다.

2 반 아이들에게 일제가 조선에서 빼앗아갔던 것이 무엇인지 물어본다.

3 일본에 해당하는 사람 네 명을 선정하고 '조선'과 천으로 연결한다.

4 일본은 각각 "~내놔!"라며 천을 잡아당긴다.

5 조선은 천을 손으로 꽉 쥐고 있고 손에서 떼어지면 빼앗기는 것으로 가정한다.

6 일본은 조금씩 강도를 세게 잡아당긴다.

7 활동을 잠깐 멈추고 '조선'에 느낌과 생각을 물어본다.

8 교사는 지켜보던 반 아이들에게 왜 보고만 있냐고 말해 본다.

9 다시 일본이 조선을 괴롭히는 장면을 진행한다.

10 반 아이들 몇 명이 일어나려는 그 순간 활동을 멈추고 왜 일어나 나오려 했는지 물어본다.

11 그 마음으로 과거 의병, 독립운동가들이 남들보다 먼저 일어나 나라를 지키기 위해 행동했다는 이야기를 한다.

조선 역할의 학생을 한 명 뽑고 칠판 앞에 세운 뒤 "조선이 있습니다. 조선은 묵묵히 백성인 여러분을 바라보고, 지키고, 감싸주며 이렇게 서 있습니다."라고 말했다. 그리고 나서 반 아이들에게 "일본이 침략해 조선을 차지하고 많은 것을 빼앗아 가기 시작했습니다. 무엇이었을까요?"라고 물었다. 그러자 아이들은 '돈, 곡식, 사람, 우리말' 등을 대답했다. 그래서 네 명의 학생에게 일본 역할을 부여하고 손에 보자기 천을 쥐도록 한 뒤 '조선'과 연결했다.

일본 역할의 학생들에게 천을 조금 잡아당기며 이렇게 말하도록 했다.

"돈 다 내놔!"

"쌀 다 내놔!"

"사람들 내놔!"

"조선말 쓰지 마!"

이렇게 몇 번을 잡아당기도록 한 뒤 조선 역할의 학생에게 다가가 사람처럼 생각해 보고 답을 해보자며 "지금 마음은 어떠니?"라고 물어봤다. 힘들고 뺏기고 싶지 않다고 대답하는 조선 역할의 학생에게 "이 천을 놓게 되면 일본에 아예 주는 것이고 완전히 빼앗기는 것인데 어떻게 할래요?"라고 말하자 절대 뺏기지 않겠다면서 손에 천을 빙글 감아 더 꽉 쥐었다. 나는 일본 역할의 학생에

게 조금 더 센 힘으로 잡아당기도록 하고, 더 큰 목소리로 내놓으라는 말을 하도록 했다.

이렇게 조선이 더 힘들어하는 모습을 보여주면서, 반 아이들을 향해 "왜 보고만 있나요? 이게 실제 일어난 일이라면 웃을 수 있을까요? 모른 척할래요?"라며 생각을 물었다. 그러자 반 아이들의 얼굴이 진지하게 바뀌었다.

나는 다시 앞으로 돌아와 일본 역할의 학생들에게 "더 세게 잡아당기고 더 크게 말하세요."라고 한 뒤, 아이들을 바라보면서 "머뭇거리는 사이에 천이 떨어지고 일본에 빼앗기면 나라를 빼앗기는 것과 같아요. 예전에 나라를 빼앗겼던 일을 이 교실에서 재연하는 것입니다. 계속 보고만 있을 겁니까? 이곳에서도 나라를 빼앗겼으면 하나요?" 하고 이야기했다. 그러자 몇 명이 벌떡 일어났다.

모든 장면을 재빨리 멈추고 일어난 학생들에게 다가가 "왜 일어났나요? 일어난 이유가 뭔가요?"라고 물었다. 그러자 지켜주고 싶고, 보기 힘들었다는 등의 답이 나왔다. 그래서 나는 큰 목소리로 반 전체에게 "방금 일어난 사람들이 바로 의병이고 독립운동가입니다. 많은 사람이 마음속으로 어쩌지라고 생각만 하고 있었는데 나라를 지키겠다고 일어난 바로 이 사람들이 당시의 의병이고 독립운동가입니다!"라며 녹색 보자기 천을 하나씩 나눠주고 두르도록 했다.

일어났던 학생들을 한쪽에 모아놓고 '의병 기지'로 정했다. 그중 한 학생을 (일부러 체격이 작고 아담한 학생을 골라) 일본 앞쪽에 세웠다. 그리고 일본을 향해 "하지 마!"라고 외치도록 했다. 나는 고개를 돌려 일본 역할의 학생에게 "놓고 싶나요? 그만하고 싶나요?"라고 물었다. 그러자 싫다면서 조선 역할의 학생을 바라보며 "네가 뭔데?"라고 말했다.

의병 모두를 앞으로 오라고 한 뒤 앞서 나왔던 의병과 함께 천을 잡도록 했다. 일본 역할의 학생은 자신 앞에 많은 사람이 서 있으니 '움찔'하며 어쩔 줄 몰라했다. 그순간 일본 역할의 학생에게 "지금은 어때요?"라고 물어봤다. "사람이 많으니 강하게 보이고, 제가 약하게 보여요. 이걸 놔야 할 것 같아요."라고 했다. 고개를 돌려 의병들과 앉아 있던 우리 반 학생들을 보면서 "자, 한 명이 아닌 여럿이 함께 힘을 모아 나라를 지켜야 하는 이유가 여기 있답니다. 바라보는데도 힘의 크기가 느껴지지 않나요?"라고 말하고 의병들에게 무리로 다가가 일본 역할 손에 있던 천을 모두 빼앗아 '조선'에 돌려주고, '조선'의 어깨 위에 손을 올리도록 했다.

그런 뒤 "빼앗긴 것을 모두 돌려받고 의병들이 어깨 위에 손 올려주는 느낌

은 어때요?"라고 물어봤다. 든든하고, 고맙고, 얼굴에 미소가 생긴다고 했다. 우리 반 모두에게 "이게 바로 의병이 했던 일입니다. 이 일을 하고 싶어 한 것이지요!"라면서 나라 뒤에 손을 올리고 가득 서 있는 의병 모습을 기억하도록 했다.

독립을 위한 비밀문서를 찾아라!

의병과 독립운동가들의 활동은 쉽지 않았다. 때론 목숨을 잃기도 했고, 목표를 이루기 전에 붙잡혀 고문을 당하기도 했고, 나라 밖으로 나가야 하기도 했는데 이를 간단히 글과 영상으로 지나치기엔 아쉬웠다. 많은 의병과 독립운동가들이 얼마나 힘들게 작전을 펼쳤고, 얼마나 힘들게 거사를 치렀는지 등을 이야기하기 위해 활동을 하고 싶었다.

'개와 뼈다귀'(교실놀이백과239, 248p) 놀이는 원래 눈을 가린 사냥꾼 아래에 보물을 놓고 떠돌이 개가 된 학생이 사냥꾼의 총을 피해 몰래 그 보물을 가져오는 활동인데, 일본군을 피해 독립운동가가 되어 비밀문서를 가져오는 방식으로 변형했다.

이 활동은 그냥 교실 바닥에서 해도 몰래 물건을 들고 오기가 쉽지 않다. 하지만 나는 당시 독립운동이 얼마나 어려웠을지를 더 알도록 해주고 싶어 재활용 물건을 담는 비닐봉지들을 교실 바닥에 풀어헤쳐 놓고 테이프로 연결해 붙였다.

독립운동가는 일본군 아래 있는 비밀문서를 무사히 가지고 돌아오는 것을 목표로 했다. 일본군 역할의 학생에겐 신문지 뭉치 10개를 주고 소리가 나는 쪽으로 던질 수 있도록 했다. 만약 독립운동가가 신문지에 맞게 된다면 임무 실

독립을 위한 비밀문서를 찾아라! ──

1 교실 앞쪽에 의자 하나를 두고 그곳에 앉은 사람은 일본군이 된다.

2 일본군 아래엔 비밀문서(접힌 보자기 천)가 있고, 손엔 신문지 뭉치 10개를 든다.

3 일본군이 안대로 눈을 가리면 교실 한쪽에 독립운동가 한 명이 선다.

4 독립운동가는 천천히 걸어가거나 기어가(빠른 걸음은 탈락) 일본군 아래 있는 비밀문서를 몰래 들고 자리로 돌아온다.

5 일본군은 소리가 들리는 쪽으로 신문지 뭉치를 던질 수 있다.

6 독립운동가는 신문지 뭉치에 맞으면 작전에 실패하고 서대문형무소로 끌려간다.

7 서로 역할을 바꾸어가면서 진행한다.

패가 되고 잡혀서 '서대문형무소'에 갇히게 되는 것이라 했다(다음 차시 공부를 위한 설정이기도 했다). 또한 날아오는 신문지를 허리 굽혀 피할 수는 있지만 발을 움직여 피할 수는 없도록 했다.

반 아이들이 모두 돌아가면서 비밀문서를 들고 오는 일에 도전했는데 딱 두 명이 성공했다. 일본군 역할의 학생들은 안대를 쓰고 있었지만 소리를 통해 독립운동가들의 이동 위치를 잘 알아냈다. 정확한 방향으로 신문지 뭉치를 던지는 것을 보고는 모두 놀라기도 했다. 대부분의 독립운동가들은 문서를 획득하

러 가던 중 신문지에 맞아 실패했다. 설령 비밀문서를 획득했어도 돌아가는 일
이 쉽지 않았다. 간혹 규칙을 어기며 성큼성큼 걸어간 학생에게는 '재미를 위해
하는 활동이 아니라 당시 독립운동가들의 어려움을 알아보기 위한 것'이라는
점을 강조하고 활동에 진지하게 참여하도록 했다.

> "오늘 여러 작전을 대표해 하나만 놀이 형식으로 경험해 봤는데 실제 작전
> 이라면 얼마나 어려웠을까? 신문지 뭉치가 정말 총이었고, 정말로 서대문형
> 무소에 갇히게 되었다면 내 마음은 어땠을까?"

아이들은 교실 속 활동도 떨렸는데 실제는 얼마나 떨렸을지 모르겠다면서
당시 독립운동가들의 상황을 조금이나마 공감할 수 있었다고 했다. "현재 우리

가 편하고 멋진 삶을 살고 있는 것은 예전의 의병, 독립운동을 하셨던 분들의 용기와 희생 덕분이기도 하단다. 이걸 기억하면서 당시의 자료를 더 살펴보자 꾸나."라며 교과서와 관련 자료를 살펴보는 것으로 수업을 이어갔다.

19

강제 징용과 위안부

· ·

　일제는 1937년 중국에서 전쟁을 일으킨 뒤 우리나라 사람들을 전쟁 군인, 노동자, 위안부로 끌고 갔다. 그 결과 전쟁에서 죽기도 했고, 무기 공장과 탄광에서 죽도록 일하기도 했다. 이렇게 두려운 상황을 피하기 위해 도망 다녀야 했던 당시 사람들의 마음에 초점을 맞춰 수업을 진행하고자 했다. 이를 알면 당시 강제 징용, 위안부 등의 실제 사건을 마주했을 때 더 잘 이해할 수 있겠다는 생각이 들었다.

일본 순사를 피해 도망가다

　일본 순사를 피해 도망가는 활동을 위해 '한 걸음 술래잡기'(교실놀이백과239, 160p)를 진행했다. 술래가 한 걸음을 외치고 이동하면 나머지 사람들도 모두 한 걸음씩 도망갈 수 있는 활동이다. 술래를 일본 순사로 정하고, 일본 순사에게 잡히지 않도록 도망가야 하며, 잡히면 강제 징용을 당해 끌려가는 것으로 정했다.

일본 순사를 피해라! ——

1 책상을 치우고 공간을 만든다.

2 공간 위에 자유롭게 선 뒤, 일제 순사(술래) 역할을 정한다.

3 일제 순사가 '하나 둘 셋 한 걸음' 하고 외치면,

4 나머지 사람들은 '한 걸음'에 맞춰 함께 '한 걸음'을 말하면서 '한 걸음' 도망간다.

5 일제 순사에게 잡히면 강제 징용에 끌려가는 것으로 약속하고 칠판 앞쪽에서 곡괭이질 동작을 한다.

6 일정 시간이 지난 뒤, 순사에게 잡히지 않은 사람들을 확인한다.

7 선생님은 잡히지 않은 사람들에게 소감을 물어본다.

8 강제 징용에 끌려간 학생들의 느낌과 생각을 물어본다.

처음엔 기본형 '한 걸음 술래잡기'를 1~2분 정도 해보았다.

"자, 이 놀이를 강제 징용과 관련된 활동으로 변형해 보겠습니다. 술래는 이제부터 일제 순사이고 여러분은 모두 당시 징용에 끌려가지 않도록 도망 다녔던 청년들입니다. 순사가 '하나, 둘, 셋, 한 걸음' 하고 외치면, 여러분도 한 걸음

도망갈 수 있습니다. 잡히면 칠판 앞쪽에 가서 곡괭이질을 하고 있으면 됩니다. 수업 후반에 공부할 군함도의 탄광이라 생각해 주세요."

좁은 공간에서 진행된 술래잡기여서 몇 명이 금방 잡히게 되었다. 잠시 활동을 멈추고 "순사님, 조선 사람을 몇 명 붙잡으니 어때요?"라고 물어봤다. 그러자 "더 잡고 싶어요. 잡는 게 재미있어요."라고 했다. 그래서 나는 "당시 조선 사람을 많이 잡으면 포상도 있고, 그걸로 인정받았단다. 그러니 더 악랄하게 잡으려 하지 않았을까?"라고 덧붙였다.

"시간이 지날수록 일제는 더욱 악랄해졌단다. 그리고 힘도 더 세졌지. 자, 그걸 표현하기 위해 순사는 '하나, 둘, 셋, 두 걸음' 하고 잡으러 다닙니다. 조선 사람들은 여전히 한 걸음만 도망갑니다."

이렇게 순사가 더 유리한 방식으로 놀이 규칙을 바꿨다. 그러자 모두 더 큰 비명 소리를 내며 도망다니는 상황이 되었다.

순사가 두 걸음을 가게 되자 더 많은 학생들이 붙잡혀 강제 징용에 끌려갔다. 몇 사람 남지 않아 활동을 멈추고 남은 사람들에게 징용에 끌려가지 않고 살아남은 느낌이 어떤지 물어봤다. 아이들은 친구들이 끌려가서 안타깝고, 나는 살아남았지만 또 언제 끌려갈지 몰라 불안했다는 말을 했다.

강제 징용으로부터 몸을 숨기다

역사적으로, 당시에는 강제 징용에 끌려가지 않기 위해 숨죽여 숨어야 하는 상황도 있었다. 징용이나 위안부에 끌려가지 않기 위해서 숨기도 했지만, 독립운동을 하다 잡히지 않기 위해 숨어야 하는 상황도 있었기에 당시 숨는 것에 대한 두려움과 어려움을 느껴볼 수 있도록 활동을 운영했다.

이번에는 '흡혈귀를 피해라! 2탄'(교실놀이백과239, 244p) 활동을 응용했다. 안대를 쓴 흡혈귀에게 잡히지 않도록 교실 이곳저곳에 숨어 있는 스릴 만점 놀이인데, 징용에 끌려가지 않기 위해 집 안 어딘가에 숨어 있는 활동으로 변형해 수업 일부로 재구성했다.

먼저 일제 순사를 정하고 안대를 씌웠다. 남은 아이들에게는 교실 어딘가에 숨을 수 있도록 30초의 시간을 주었다. 신발을 벗고 조심히 걸어가는 학생도

일본 순사에게 걸리지 않고 살아남기 ──

1 반 아이들 중 일본 순사 역할을 할 3~4명을 뽑는다.

2 일본 순사는 안대를 착용한 뒤, 한 손바닥을 칠판에 대고 대기한다. (안대는 완벽하게 눈을 가릴 수 있어야 한다. 교실 놀이 안대 ⋯ https://bit.ly/3GTz9Os)

3 교실 이곳저곳 순사에게 걸리지 않을 만한 장소를 골라 숨는다.

4 30초 정도 숨을 수 있는 시간이 지나면 더 이상 움직일 수 없다.

5 일본 순사는 손으로 교실 속 여러 장소를 더듬거리며 돌아다닌다.

6 일본 순사 손에 닿으면 강제 징용에 끌려가는 것이 되어 앞쪽에서 곡괭이질을 한다.

7 정해진 시간(3~5분)이 지난 뒤, 일본 순사에게 잡히지 않고 남은 학생을 파악한다.

있었고, 청소함 속에 숨기도 했고, 어딘가에 매달리기도 했다.

30초가 지난 뒤에는 모두 움직일 수 없고 있던 자리에 머물도록 했다. 일본 순사 역할 학생들에게 강제 징용에 데려갈 조선 사람을 붙잡으러 출발하도록 했다. 앞이 보이지 않지만 손을 뻗어 교실을 샅샅이 뒤져 반 학생들을 찾아냈다.

3분이 지난 뒤 활동을 끝냈고, 마지막까지 살아남은 세 명이 다음 일본 순사 역할을 하도록 했다. 앞의 활동을 떠올려보면서 더 걸리지 않도록 잘 숨어보라고 했다. 그러자 반 아이들은 더 구석지고 좁은 곳에 몸을 숨겼다. 30초가 지나

고 다시 활동을 시작했더니 일본 순사 역할의 학생들은 이전 활동에서 자신이 숨어서 살아남았던 곳부터 뒤져가며 교실을 구석구석 손으로 더듬어 갔다. 이번 활동에서도 순사들이 숨어 있던 학생들을 잘 찾아냈다. 하지만 이번에 숨은 학생들은 소리 때문에 걸릴 수 있다는 것을 앞선 활동으로 알고 있었기에 작은 소리도 내지 않고 더욱 숨죽여 몸을 웅크리고 있었다. 그 결과 앞의 활동보다 더 많은 학생이 생존했다.

3분간의 활동 시간이 지난 뒤 일본 순사들에게 안대를 벗도록 했다. 아직 붙잡히지 않고 숨어 있는 학생들에게 일본 순사들에게 손을 흔들어 자신이 붙잡히지 않았음을 보여달라고 했다. 일본 순사 역할 학생들에겐 앞서 잡았던(강제 징용으로 보냈던) 학생들을 바라보도록 했다. 그리고 어떤 생각이 드는지 물어봤다. 그랬더니 생각보다 많은 사람을 잡아냈다는 것에 뿌듯해했다.

"당시 일본 순사들도 많이 잡았을 때 비슷한 생각이 들었을지 모릅니다. 그런데 당시 일본 순사가 잡으러 다닌 것도 있지만 같은 민족인 조선 사람이 잡으러 다녔던 경우도 있었답니다."라며 이에 대한 내용도 잠깐 이야기 나눴다. 끝까지 살아남은 학생들에게 가서 "친구들이 강제 징용에 모두 끌려갔지만 살아남은 내 마음은 어떠한가요?"라고 물었다. 그리고 칠판 앞쪽으로 가서 곡괭이질을 하고 있는 아이들에게 "지금 3년째 이곳에서 일을 하고 있는데 느낌이 어때요?" "가족들과 헤어져서 다른 나라까지 와서 일하게 된 마음은 어떤가요?" "밥도 제대로 못 먹고 사람 취급도 제대로 받지 못하고 맞아가며 일하는 느낌은 어떤가요?"라는 질문으로 당시 사람처럼 생각해 보고 답하도록 했다.

"놀이에서 느꼈던 두려움과 긴장은 당시에 실제로 어땠을까요? 끌려가서 일했던 사람들의 고통은 어땠을까요?"라며 미리 준비한 다큐와 영화 '군함도'의 일부 자료를 함께 살펴봤다. 그리고 "잡히면 강제 징용에 끌려간다고 했는데, 여성의 일부는 위안부로 끌려가기도 했답니다."라며 교과서에 나온 자료를 함께 살펴보았다. 그리고 다음과 같은 말로 수업을 마무리했다.

"오늘 여러분이 겪었던 감정의 수백 배 긴장과 힘듦이 당시 우리 조상들에게 자리했을 거라 생각해요. 그럼에도 살아남았고, 버텼고, 이겨냈음을 기억해 주길 바랍니다. 다시 이런 일이 없도록 하기 위해 우린 역사를 배우는 것입니다."

20

3·1 만세 운동

● ●

탑골 공원에서 독립선언서가 낭독되고 학생과 시민들이 태극기를 흔들며 만세 시위를 벌였던 1919년 3월 1일의 일은 전국적으로 퍼져나갔고 일제의 탄압에도 멈추지 않았다. 3월 1일에 대한 역사적 사건을 공부하는 것도 중요하지만, '만세 운동이 일제의 탄압에도 멈추지 않았다'는 부분에 더 집중해 수업을 이끌고 싶었다. 죽을 수도 있고 잡혀서 고문을 당할 수도 있었지만 만세 운동을 했던 사람들의 마음을 조금이라도 이해하기를 바라는 마음으로 수업을 구성했다.

만세 시위를 재연하다

만세 시위 장면을 반 아이들 모두가 참여해 보는 활동으로 진행하고 싶었다. 마침 교실에 소형 태극기가 있어 하나씩 나눠주고 교실 앞 공간에서 만세 시위 장면을 재연해 보겠다고 했다. 당시의 상황을 느낄 수 있도록 잠깐 교과서와 크롬북을 이용해 만세 운동 관련 사진과 자료를 살펴보도록 했다.

다양한 연령대의 사람이 모여 만세를 외쳤을 텐데, 우리가 당시 그중 한 사람이 되어보자고 했다. 앞서 여러 번 사용했던 '인간 찰흙 놀이'(교실놀이백과239, 420p)를 변형한 '움직이는 조각상 더하기' 활동을 진행했다. 이번에는 남이 나를 조각하는 것이 아니라 내가 나를 조각해 상황에 어울리게 서보기로 했다. 이 활동은 이렇게 모두가 선 상태에서 간단한 대사와 동작을 계속해서 반복하고 목소리를 키우다 보면 주제와 어울리는 상황에 맞는 역동과 분위기가 만들어지기에 수업에 종종 활용했던 활동이다.

움직이는 조각상 더하기 ——

1 상황에 어울리는 몸 조각을 생각한 뒤, 간단한 대사 한 문장과 동작 하나를 준비한다.

2 선생님이 공간 가운데 학생 한 명을 세우고 기준점을 만든다.

3 기준점이 되는 학생은 태극기를 들어 올리며 "여러분, 우리 함께 만세 운동을 이어갑시다!"라고 외친 뒤 멈춘다.

4 기준점 조각에 어울리게 다음 학생이 앞으로 나와 준비한 동작과 대사를 한 뒤 멈춘다.

5 이렇게 차례대로 앞으로 나와 자신이 생각한 동작과 대사를 하고 조각이 되어 멈춘다.

6 모든 조각이 세워지면, 자신이 준비했던 대사와 동작을 반복하도록 한다.

기준이 되는 첫 번째 조각

반 아이들은 '대한 독립 만세'를 외치는 조각, 일본 순사와 군인을 두려워하는 조각, 망설이다 다른 사람을 따라 함께 만세를 하는 조각, 일본 물러가라며 외치는 조각 등을 만들었다. 조금씩 조각이 늘어날 때마다 만세 운동하는 장면이 완성되어갔고 역동도 커졌다. 모든 학생이 조각이 되어 교실 앞에 선 뒤 말했다.

"자, 여러분이 등장하면서 했던 대사와 동작을 계속 반복해 주세요. 시간이 지날수록 목소리와 동작이 조금씩 커집니다. 지금부터 시작!"

동시에 말하고 행동하다 보니 서로의 역동에 영향을 받아 목소리도 커지고 동작도 커졌다. 그렇게 정말 만세 운동 분위기가 연출됐다.

총알이 날아와도 멈추지 않은 만세 운동

교과서를 보면 일제가 전국에서 발생한 만세 시위를 잔인하게 진압했다는 내용이 나온다. 총을 쏘고 학살하는데도 만세 운동을 이어갔던 그 상황을 간접적으로 체험할 수 있도록 앞의 활동에 이어 바로 다음 활동을 연결해 진행했다.

일제가 쏜 총알 ─

1 일본 순사(군인) 3명을 뽑는다.

2 조각들이 세워진 반대쪽 바닥에 선을 긋고 일본 순사(군인)를 배치한다.

3 손에 신문지 뭉치(또는 피구공, 플라잉디스크)를 주고 '총알'이라고 가정한다.

4 이때 신문지 뭉치는 1인당 5개를 부여한다.

5 일본 순사에게 가지고 있던 신문지 뭉치를 하나씩 던지도록 한다.

6 신문지에 맞은 조각은 총알에 맞은 것으로 하고 바닥에 앉거나 눕는다.

7 마지막에 남은 조각, 총알에 맞은 조각에게 다가가 생각이나 느낌을 물어본다.

앞서 대사와 동작을 반복하는 활동을 계속하는 동안 일제 순사가 총을 쏘기로 했다. 신문지 뭉치와 피구공도 던져봤는데, 우리 반에서는 말랑거리는 재질의 '플라잉 디스크'로 정했다(아이들이 느끼기에 총알이 날아오는 느낌이 더 든다고 했다). 만세 운동을 하는 조각들은 자신이 하던 동작과 말을 반복하는데 손으로 막거나 고개를 숙여 피할 수 있도록 했다. 대신 손에 맞으면 손에 부상을 입는 것이고, 다리에 맞으면 다리에 부상을 입는 것으로 했다. 일제 순사 역할에겐 너무 세게 던지지 않도록 하고 얼굴을 피해 던지도록 했다.

플라잉 디스크가 날아오면 만세와 함께 비명 소리가 나기도 했다. "그럼에도 만세는 멈추지 않고 더 크게 광장에 울려 퍼졌습니다!"라는 말로 활동을 이어 갔다. 일제 순사에게 플라잉 디스크를 3개씩 주고 쏠 수 있는 총알 수를 제한했다. 그렇게 만세 운동을 하다 다친 사람, 계속 만세를 외치는 사람, 무서워서 움츠린 사람 등이 나오게 됐고 장면을 정지시키고 다가가 질문을 했다.

"내가 당시 사람이었다면 어떤 생각이 들었을까요?"

그러자 아이들은 너무 무서웠다고 했다. 당시 사람들은 정말 용감했다, 그 당시 살았다면 무서워서 만세 운동을 못 했을 것 같다, 만세 운동을 하다 돌아가

신 분이 있었다니 너무 슬프다, 일제 앞에서 끝까지 만세를 외쳤던 분들이 정말 대단하시다 등의 소감을 전했다.

교과서에 나온 만세 운동에 대한 추가 자료와 영상을 함께 보면서 공부를 이어나갔다. "이 만세 운동 외에도, 독립운동이 계속 진행되면서 많은 사람들이 잡히고 고문당하고 때론 죽어갔단다. 그럼에도 독립을 위한 노력은 멈추지 않았고 이어졌지. 그 무서움과 두려움 속에서도 독립을 위해 애쓰신 모든 분들에게 감사한 마음을 가지면 좋겠구나." 라면서 수업을 마무리했다.

21

---

8 · 15 광복

● ●

1945년 8월 15일 광복을 맞이했을 때, 모두가 기뻐했겠지만 특히 독립 운동을 위해 애쓴 분들의 감회는 더 컸을 것이다. 그 기쁘고 감격스러운 순간을 아이들이 느낄 수 있도록 하고 싶었다. 그래서 앞서 진행했던 의병활동, 3·1운동과 연결해 '서대문형무소에 수감되어 온갖 고문을 당하던 중 독립을 만났다'는 상황으로 광복 수업을 준비했다.

독립투사, 서대문형무소에서 해방을 맞다

일제강점기 당시 독립투사들이 수감되어 있던 감옥 생활은 어땠을까? 실제 서대문형무소를 견학 가보고 고문실을 보면 무섭고 끔찍하다는 생각이 절로 든다. 3평 남짓한 좁은 곳에 수감되어 있던 그 답답함을 느껴보면 좋을 듯했다. 그래서 '날 힘들게 한 너, 사라져!'(마음 흔들기, 213p)의 활동 중 '신문지 편'을 활용했다. 이 활동은 신문지와 화장지로 둘러 싸여 있다가 신호와 함께 찢어 날리는 활동이다. 아이들이 형무소에 갇힌 상황을 느낄 수 있도록 온몸을 신문지로 돌돌 말고 그 상태로 잠시 머물러 있게 했다.

서대문형무소에 수감되다 ──

1 신문지를 바닥에 깔아놓고 서대문형무소로 이름 붙인다.

2 독립운동가 역할의 사람은 작은 태극기를 가슴에 올리고 선다.

3 일본 순사에 해당하는 사람은 독립운동가를 신문지와 종이 테이프로 돌돌 감싼다.

4 신문지에 감싸져 있는 것을 감옥에 수감된 것으로 가정한다. (가능하면 눈을 감고 서 있는다.)

5 일정 시간이 지난 뒤, 수감되어 있는 느낌과 생각을 이야기한다.

신문지로 돌돌 몸을 감싼 뒤 잠깐 눈을 감도록 했다(신문지로 감싸는 것은 뽑기 통을 이용해 랜덤으로 뽑아 먼저 갇힌 사람, 나중에 갇힌 사람으로 진행했다).

"여러분은 독립운동을 하다 붙잡혀 왔습니다. 어둡고 추운 감옥 안에 옴짝달싹 못 하고 갇혀 있습니다. 밖에선 고문 때문에 비명 지르는 소리가 들리고, 주변엔 이미 고문으로 인해 몸이 아픈 사람들의 신음 소리가 들립니다."

나는 반 아이들 사이를 걸어 다니면서 내가 어깨를 터치하면 정말 당시의 수감된 독립운동가라고 생각하면서 한 문장 정도 말해 보라고 했다. 그러자 반 아이들은 "내 정신은 파괴하지 못한다." "언젠가 우리에게 독립은 찾아온다." "그럼에도 대한 독립 만세!"라는 말을 했다. 갑작스러운 터치에 말을 못 하는 학생은 "모진 고문으로 말을 할 수 없는 상태군요."라며 내가 대신 대사를 만들고 지나가기도 했다.

"이 공간 안에서 만세 운동을 했던 유관순 열사도 돌아가셨지요. 이렇게 갇혀 있는 나 또한 언제 죽을지 모릅니다." 그렇게 눈을 감고 슬픈 음악을 틀어놓고 잠시 머물러 있도록 했다. 그러다 일본 천왕의 항복 방송을 유튜브를 이용해 재생한 뒤, 점차 큰 목소리로 반 아이들에게 말했다. "그런데 밖에서 무슨 소리가 들리기 시작합니다. 일본이 전쟁에서 패해 항복했다고 합니다. 우리에게 해방, 독립이 찾아왔습니다. 자 여러분, 여러분도 곧 풀려나는 순간이 찾아왔습니다."

해방, 그리고 일제의 잔재 없애기

신호를 주면 감싸고 있던 신문지를 다 찢고 조각내어 하늘로 뿌리도록 했다.

감옥에서 풀려나 일제로부터 해방되는 것을 표현하는 활동이라고 했다. 그리고 카운트다운을 시작했다.

"5, 4, 3, 2, 1! 여러분, 해방의 그 순간이 왔습니다. 모두들 찢어!!"

아이들은 몸을 둘러싸고 있던 신문지를 풀어헤치고 찢었다. 말하지 않았는데도 손에 쥐고 있던 태극기를 흔들며 대한 독립 만세를 불렀다. 어느 정도 시간이 지난 뒤, 아이들에게 이제 자유의 몸이 됐고, 나라는 독립했고, 일본 순사들은 도망갔다면서 현재의 느낌과 소감을 물어봤다.

"자, 이제부터 바닥에 있는 신문지는 일제강점기의 제도, 아픔, 고통 등 일제의 모든 잔재를 의미합니다. 이게 앞으로도 여러분과 여러분 자녀를 둘러싸 남아 있도록 남겨 두겠습니까?"라는 질문에 아이들은 "아니요!!"라고 크게 외쳤다. "일제시대, 그리고 앞서 갇혀 있었던 억울하고 답답하고 힘들었던 그 마음을 담아 다 찢어버리고 산산조각 내세요. 지금부터 시작!"이라며 빠른 음악을 틀고 바닥의 신문지를 찢고 조각내도록 했다.

"일본 꺼져!" "사라져!"를 외치며 아이들은 신문지를 산산이 조각냈다. 조금이라도 큰 조각이 있으면 더 작게 조각내기도 하면서 한참을 찢었다. 때론 하늘로 날리기도 하고 발로 밟기도 했다. 나는 계속해서 음악을 틀고 마이크를 이용해 "여러분, 정말 잘했습니다. 그 조각들을 몽땅 들고 하늘로 던지며 외쳐봅시다. 대한 독립 만세!! 일제 잔재 사라져!!" 그렇게 조각난 신문지를 몽땅 들고 하늘로 몇 번이나 뿌렸다.

어느 정도 정리가 된 뒤, 아이들에게 어떤 생각이 드는지 물어봤다. 너무 통쾌하고, 기분 좋고, 찢는 게 신났고, 정말 해방을 만난 기분이었다는 답을 했다. 나는 반 아이들을 천천히 바라보면서 "그렇게 긴 시간 동안 찢어 조각냈는데

일제 잔재는 어때요? 주변을 살펴볼래요?"라고 말했다.

조금 뒤 말을 이었다.

"맞아요. 일제 잔재는 찢고 조각내도 사라지지 않았습니다. 이와 같이 우리가 사는 현재에도 이렇게 작은 조각이 되어 이곳저곳에 남아 있답니다. 무엇보다 일제 잔재를 없애는 일조차도 제대로 하지 못해 큰 조각으로 남아 있는 것도 많습니다."

그리고 친일파 관료들이 나중에 어떻게 연결되는지 등도 간단히 이야기해 주었다.

"하지만 남아 있는 일제 잔재를 없애고자 하는 노력은 계속되고 있지요. 국민학교란 이름을 초등학교로 바꿔나간 것처럼요." 이렇게 말하고 진지한 눈으

로 반 아이들을 바라봤다. 그리고 천천히 중요한 말을 했다.

"과거에 하지 못했던, 일제 잔재를 없애지 못했던 일을 여러분은 할 수 있습니다. 이 공간, 이 교실에서만큼은 힘을 모아 일제 잔재를 청산해 봅시다. 자, 청소함에 가서 빗자루와 쓰레받기를 가지고 와주세요."

반 아이들은 작은 조각 하나 남김없이 깨끗하게 치우고 책상을 원래 자리로 위치시켰다. 그리고 8·15 광복에 대한 교과서 내용과 관련 자료를 보여주면서 남은 공부를 마무리 지었다.

22

—

6·25 전쟁

●●

1950년 6월 25일에 시작된 전쟁으로 국토는 황폐해졌고, 죽거나 고통당하고 서로 헤어지는 등 많은 아픔이 찾아왔다. 전쟁이 얼마나 고통스러웠고 힘들었을지 지금의 우리는 제대로 가늠하기가 힘들다. 그래서 이번 시간을 최대한 활용해 전쟁의 아픔과 죽음, 피란을 떠나야 했던 상황까지 느끼게 하고 싶었다.

꼭 살아남아야 해!

'고통의 숫자'(교실놀이백과239, 56p) 놀이는 참여자가 정한 숫자를 부르면 해당 숫자의 사람이 고통스럽게 쓰러지고 바닥에 닿기 전에 주변 사람들이 붙잡아주면 생존하여 계속해서 놀이를 할 수 있는 활동이다. 이를 이용해 전쟁 속에서 찾아온 갑작스러운 죽음, 그리고 내 가족과 주변을 살리고자 하는 마음을 느낄 수 있도록 진행해 보았다.

전쟁에서 살아남기 ——

1 반 아이들은 1부터 5 사이의 숫자를 랜덤으로 부여받는다.

2 피란을 떠나는 것처럼 몸을 숙이고 교실 공간을 걸어 다닌다.

3 교사는 랜덤으로 숫자 하나를 크게 외친다.

4 자신이 부여받은 숫자가 불리면 크게 "으악!"이라 외치고 천천히 쓰러진
   다.

5 손이나 엉덩이가 바닥에 닿으면 전쟁에서 죽은 것으로 가정해 공간 밖으
   로 나간다.

6 바닥에 닿기 전, 주변 친구들이 붙잡아주면 살아남은 것으로 가정해 계
   속해서 활동에 참여한다.

7 교사는 숫자 하나를 몇 번 부르다, 나중에는 숫자를 2개, 3개로 늘려 랜
   덤으로 부른다.

8 남은 인원과 중간에 죽어 공간 밖으로 나간 학생들의 느낌과 소감을 들
   어본다.

숫자를 부여받고 돌아다니다 자신의 번호가 나올 때 비명을 지르면 된다. 우리 반에서는 보자기 천 5가지 색깔에 번호를 지정하고 망토처럼 두르도록 했다. 노란색은 1번, 연두색은 2번 등 색깔과 번호를 지정해 주고 "으악!" 하며 쓰러지는 연습을 했다. 소리만으로는 누가 쓰러지는지 알 수 없기에 손을 크게 들수 있도록 하고, 소리가 작으면 주변 사람이 알 수 없으니 크게 소리 질러보기

로 했다. 쓰러지는 속도 또한 일정하게 하도록 하여 주변 사람이 어느 정도 살려줄 수 있도록 했다.

"6월 25일 북한이 침략했습니다. 여러분은 죽지 않기 위해 피란을 떠나야 합니다. 걸리면 안 되니 고개를 숙이고 누군가와 만나면 '우리 꼭 살아남자' '살아야 해'라는 말을 하면서 다녀주세요. 물론 이 말도 적에게 걸리면 안 되니 작게 해주길 바랍니다."

이렇게 말하고 아이들이 교실 중앙 공간을 돌아다니도록 했다. 아이들은 만나는 사람들에게 "살아야 해!" "살아남아!" 등의 말을 속삭였다. 나는 한참 바라보다 마이크를 들고 크게 외쳤다. "3!!" 그 순간 3번에 해당한 학생이 손을 높게 들고 비명을 지르며 쓰러졌고, 다른 친구들은 재빨리 손을 뻗어 친구가 쓰러지지 않도록 구해 주었다. 나는 "잘했습니다. 이렇게 누군가 전쟁에서 죽지 않도록 구해 주면서 피란을 가주세요."라며 멈추지 않고 계속 몸을 움직이도록 했다. 이런 방식으로 숫자 1~5 중 하나를 골라 외치는 것을 반복했다. 구해 주는 친구들 덕분에 대부분 살아남았고, 친구와 동떨어져 걷던 한두 명이 바닥에 손이 닿아 죽게(놀이 공간에서 아웃)되기도 했다.

숫자 1 2 3

숫자 2 3 4

"숫자가 불리면 해당하는 사람은 크게 비명을 질러주세요. 끝까지 살아남아야지요. 그리고 한 번에 한 사람만 살릴 수 있고, '으악'이라고 비명을 질러야 하는 사람은 다른 사람을 살릴 수 없습니다."라고 말한 뒤, 내가 외치는 숫자를 조금씩 늘렸다. 두 개씩 외치기도 했고 한 번에 숫자 세 개를 외치기도 했다. 숫자가 늘어가자 비명 소리도 늘었고, 누군가를 살리는 역동 또한 늘었지만 살아남는 사람보다 죽어가는 사람이 늘어갔다. 바닥에 손이나 엉덩이가 닿은 사람은 전쟁에서 안타깝게 죽은 것으로 가정하고 칠판 앞쪽에 앉아 있도록 했다.

숫자 2 4

대부분의 사람들이 공간 밖으로 나가게 된 뒤, 활동을 멈추고 남아 있는 몇 명에게 다가가 당시의 사람처럼 생각하고 이야기해 달라고 했다. "아들과 딸 모두 죽고 엄마인 나 혼자서 살아남았는데 지금 내 마음은 어때요?" "부모님이 모두 돌아가시고 다섯 살인 나 혼자 살아남았는데 지금 내 마음은 어떤가요?" 아이들은 이런 질문에 감정 이입이 되면서 무섭고, 안타깝고, 슬프다는 답을 했다. 죽어 있는 사람들이 모인 쪽을 바라보도록 한 뒤 "먼저 돌아가신 부모님에게 앞으로 어떻게 강하게 살아남을 건지 이야기해 주세요." 라는 질문을 하자 가상임에도 아이들의 감정이 올라오는 것이 느껴졌다.

'전쟁에서 죽었다'는 가정하에 칠판 앞쪽에 앉아 있던 아이들에게도 다가갔다. "부모인 나는 이렇게 죽고 다섯 살인 자녀만 저렇게 살아 있는데 자녀에게 뭐라고 말해 주고 싶나요?" "내가 죽어 죄책감에 괴로워하는 부모님에게 뭐라고 말하고 싶나요?" "죽음으로 헤어진 내 남편에게 뭐라 이야기해 주고 싶나요?" 등의 질문을 하자 "너는 꼭 살아남아야 해. 네 잘못이 아니야." 등의 답변이 있었다.

활동을 정리하고 잠깐 자리에 앉도록 한 뒤, "선생님이 왜 숫자를 하나씩 부르다 나중에 여러 개 불렀을까요? 전쟁과 어떤 관련이 있을까요?"라고 물었다. 답을 못 하는 아이들에게 "어떤 전쟁이든 고통, 죽음, 파괴 등이 점점 더 커지기 때문이었답니다. 놀이에서 우리가 그랬듯, 처음엔 누군가를 살릴 수 있고 함께 피란을 떠날 수 있답니다. 하지만 숫자가 늘어났더니 누군가를 구해 주기 힘들었던 것처럼, 전쟁의 잔혹성이 커지면 남을 구하고자 해도 한계가 있고 내가 살아남는 것도 어려워진답니다. 과거 6·25 전쟁은 시간이 흐름에 따라 얼마나 끔찍하고 고통스러웠을까요. 교과서의 연표부터 보기로 해요."라며 사건과 흐름을 보고 관련 자료를 확인했다.

준호샘의 수업 팁

활동이 끝나면 포스트잇 한 장을 나눠주고 소감을 쓰도록 한 뒤 칠판에 붙인다. 그곳에 나온 글 중 몇 개를 읽으며 역사 이야기를 함께 나누면 좋다.

"전쟁에서 나는 살아남았지만 내 가족과 친구들이 다 죽었다고 생각하면 속상하고 많이 힘들었을 것 같다. 언제 어디서 죽을지 몰라서 더 무서웠고 혼자 살아남았을 때 앞으로 어떻게 살아야 할지 걱정되었다. 피란을 떠난다고 생각하니 너무 무서웠고, 왜 우리나라는 이렇게 전쟁이 많았는지…. 친구들이 나를 많이 살려줘서 고마웠다. 언제 어떤 숫자가 나올지 몰라서 너무나 긴장됐고 나도 살고 싶고 친구도 살리고 싶었다." - 아이들 소감 중에서

부모님과 헤어지지 않기

교과서에는 6·25 전쟁으로 인해 전쟁고아, 이산가족 등 사람들이 겪어야 했던 어려움이 나온다. 초등학생인 우리 반 아이들이 당시 전쟁 상황에 태어났다면 겪었을지도 모를 일이다. 자녀의 입장, 그리고 부모의 입장에서 전쟁의 일부를 느껴보는 것도 좋겠다는 생각이 들었다.

영화 〈국제시장〉에서 흥남부두를 통해 피란민이 떠나는 장면, 가족이 헤어지는 장면을 짤막하게 보여주었다. 그런 뒤 "서로가 헤어지지 않도록 애쓰고 이름을 부르며 살리기 위한 장면을 교실에서 활동으로 체험해 보려고 합니다."라

며 책상을 모두 양쪽으로 밀고 공간을 만들었다. 이 활동을 위해 '개똥을 피해 랏!'(강당운동장놀이189, 358p) 놀이를 활용했다. 교실 한쪽에 있던 사람이 반대쪽에 안대를 쓰고 있는 짝이 여러 장애물을 피해 내게 오도록 말로 알려주는 활동이다. 내가 진행하는 부모자녀 워크숍에서 이 활동은 매번 울컥한 역동을 만들어내곤 했다. 두 명씩 짝을 지어 한 명은 부모, 다른 한 명은 자녀가 되어 이 활동에 참여해 보기로 했다.

부모님에게 가는 길 ──

1 교실에 활동할 수 있는 공간을 만든다.

2 두 명이 짝이 되어 한 명은 부모, 다른 한 명은 자녀 역할을 하기로 한다.

3 부모는 교실 한쪽에 한 손을 벽에 대고 서 있는다.

4 자녀는 반대쪽에서 안대를 쓰고 한 손을 벽에 대고 선다.

5 자녀가 모두 안대를 착용하면 부모와 자녀 사이에 의자와 책상 등으로 장애물을 만든다.

6 신호가 떨어지면, 부모 역할의 학생은 자녀에게 말로 장애물 위치를 알려주면서 다치지 않고 자신에게 오도록 안내한다.

7 자녀 역할의 학생은 장애물에 닿지 않고 부모에게 도착할 수 있도록 한다.

8 가는 도중 장애물에 세 번 몸이 닿으면 이산가족이 되어 원래 있던 장소로 돌아간다.

9 역할을 바꿔서 해본다.

　반 아이들을 두 팀으로 나누고 한 팀은 관찰자(이 활동은 보는 것도 매우 중요하다), 다른 한 팀은 활동에 참여하기로 했다. 활동을 하기로 한 팀은 부모 자녀를 나누고 같은 색 보자기 천을 두르도록 했다(그러면 관찰하는 학생들이 더욱 잘 알아볼 수 있다). 부모가 교실 뒤쪽에, 자녀는 교실 앞쪽으로 가도록 한 뒤 자녀들에게 안대를 나눠주고 착용하도록 했다. 그런 뒤, 관찰자 팀에게 교실 공간에 의자와 책상을 이용해 장애물을 놓아 달라고 했다. 너무 어렵지는 않게, 어느 정도 빠져나갈 수 있도록 고려해서 만들어 달라고 했다. "우리가 앞서 봤던 흥남 부두에서 잠깐 손을 놓게 된 부모와 자녀 상황이라 생각하겠습니다. 부모는 자녀가 죽지 않도록 최선을 다해서 이름을 부르고 장애물을 피해 부모 쪽으로 올 수 있도록 해주세요."라면서 활동을 시작했다.

　자녀는 부모에게 가는 도중 세 번 장애물에 닿으면 안대를 벗고 원래 있던 자리로 돌아가도록 했다. 그리고 '이산가족이 되는 것'이라 약속했다. 생각보다 쉽지 않아 많은 이산가족이 발생했다. 부모 역할의 학생들이 동시에 이름을 부르기도 했고, 부모 말을 듣지 않고 제멋대로 가버리는 자녀 때문에 실패하기도 했다. 이때 관찰자 팀은 자녀 역할의 학생들이 장애물에 닿는 횟수를 체크하도록 했다. 끝내 성공해 부모가 있는 곳에 도착한 자녀는 기쁨의 환호를 외쳤고, 부모 역할의 학생은 껴안으면서 기뻐하기도 했다. 활동이 끝나자 팀을 바꿔 관찰하던 학생들도 활동에 참여하도록 했다. 관찰 후 활동을 해서 그런지 성공하는 가족이 이전보다 늘었다.

　활동을 마치고 '이산가족'이 된 가족에게 손을 들어보게 했다. 아쉬워하는 반 아이들에게 "하지만 전쟁 속에서 죽지 않고 서로 헤어진 것만으로도 다행이고 어쩌면 기쁜 일일 수 있습니다. 이산가족이 어떻게 서로 만나게 됐는지는 다음 시간에 공부할 예정이니 아쉬움은 잠깐 내려놓고, 지금까지 활동에 대해 느낌과 소감을 나눠보기로 해요."라며 반 아이들과 잠깐 이야기 나눴다. 아이들은 다음과 같은 소감을 남겼다.

- 활동에서처럼 실제 내 아이를 못 만났다면 정말 슬펐을 것 같다.
- 내가 자식이면 어렵고 부모라면 쉽겠다 생각했는데 둘 다 어려웠고, 당시 부모들은 나보다 몇 배 더 애쓰고 힘들었겠다.
- 목이 찢어져라 소리를 질렀고 내 자녀를 무사히 만나 너무 좋았다.
- 실제라면 얼마나 부모가 애타게 자녀를 찾았을지 그 심정이 이해됐다.
- 내가 이산가족이 됐다고 생각하니 슬펐다.

"실제 전쟁 당시엔 지금 여러분이 느꼈던 감정보다 몇백 배로 슬프고 힘들었던 상황이 펼쳐졌을 겁니다. 여러분이 자녀를 불렀던 것보다 전쟁 상황에서는 더 애타게 자녀를 불렀겠지요. 만약 오늘 당장 이런 상황이 벌어지더라도 여러분의 부모님은 여러분을 애타게 불러 찾으려 애쓰실 겁니다. 전쟁은 이렇게 참혹하고 비참한 일임을 기억하면서 평화가 우리 주변에 언제나 가득했으면 합니다."

활동을 마무리하는 말과 함께 교과서와 미리 준비한 영상 자료를 통해 공부를 이어갔다.

23

분단, 그리고 통일

● ●

정전 협정 체결 후 휴전이 된 상태가 되어 군사분계선이 만든 아픔의 일부를 다루어야 했다. 그래서 앞서 공부했던 6·25 전쟁 활동에서 생긴 '이산가족'을 떠올리며 수업을 진행하고자 했다. 남과 북으로 나누어진 사람들의 마음과 남한과 북한이 하나 되기 위한 노력까지 함께 알아볼 수 있도록 수업을 재구성했다.

군사 분계선과 이산가족의 슬픔

먼저 아이들과 함께 군사 분계선 상황을 몸으로 만들어보았다. 군사 분계선의 역할은 사람이 오가는 것을 막는 것이다. 남쪽의 자녀와 북쪽의 부모를 만나지 못하게 하고, 서로를 애타게 불러보지만 만나지 못하는 안타까운 감정을 느껴보도록 했다.

몸으로 만드는 군사 분계선 ——

1 반 아이들을 둘로 나누고 길게 서로 반대쪽을 바라보고 선다.

2 한 줄은 남쪽의 군사 분계선, 다른 한 줄은 북쪽의 군사 분계선이 된다.

3 남쪽의 군사 분계선 쪽에 남쪽에 살고 있는 자녀 역할 한 명을 선정한다.

4 북쪽의 군사 분계선 쪽에 북쪽에 살고 있는 부모 역할 한 명을 선정한다.

5 군사 분계선은 한쪽 발을 고정한 채 다른 발을 움직일 수 있고, 사람이 오면 "저리 가!"라며 밀어낼 수 있다.

6 남쪽의 자녀와 북쪽의 부모는 서로 만나보거나 편지를 전달하기 위해 애쓴다.

7 군사 분계선은 남쪽의 자녀와 북쪽의 부모 간 교류를 끈질기게 막는다.

한 줄로 세우고 각 줄은 군사 분계선이라 약속했다. 사람이 아닌 철책이기 때문에 무표정으로 "저리 가!" 또는 "오지 마!"라는 말로 상대가 넘어지지 않을 정도로 가볍게 밀거나 길을 막도록 했다.

"이곳은 군사 분계선입니다. 휴전 후, 이렇게 남과 북이 만나지 못하도록 장벽이 생겼습니다. 여러분은 군사 분계선입니다. 사람이 아닌 차갑고 감정이 없는 철책일 뿐이지요. 여러분의 임무는 오가는 사람을 막는 것입니다."라고 말했다. 그리고 북쪽 군사 분계선 너머에 부모 역할의 학생 한 명을 세우고, 남쪽의 군사 분계선 너머에는 자녀 역할을 하면 좋을 학생 한 명을 뽑도록 했다. 그리고 부모 역할의 학생을 바라보며 "전쟁 통에 자녀를 남에 두고 온 어머님, 따님이 얼마나 보고 싶은가요?"라고 말했다. "많이 보고 싶고 미안해요."라고 답하자 나는 건너편으로 넘어가 자녀 역할의 학생에게 "엄마가 얼마나 보고 싶어요? 엄마랑 헤어져 그동안 어떻게 살았나요?"라는 질문으로 자녀 역할에 몰입할 수 있도록 했다.

이어서 보자기 천 하나를 접어 엄마 역할의 학생에게 주고 딸이 너무나 보고 싶어 밤을 새워 썼던 편지라고 했다. 이걸 군사 분계선 쪽에 가서 딸에게 건네보자고 했다. 던질 수는 없고 손을 뻗어 전달해 보도록 했다. 이때 군사 분계선 역할의 학생들에겐 편지 전달을 최대한 막으라고 했다. 자녀 역할의 학생에게 "엄마 보고 싶어요!" "엄마 만나고 싶어요!"라고 소리 지르도록 해 모두의 감정이 올라오도록 했다. 몇 번이나 엄마와 딸의 만남은 실패했고 손에 쥔 편지를 전달하지 못했다.

　나는 엄마 역할의 학생에게 다가가 "어머님, 벌써 세월이 흘러 40년 넘게 만나지 못했는데 지금 마음은 어떠세요?"라고 물었다. 딸에게도 "어머니를 만나지 못한 세월이 이제 40년이 넘어가는데 마음은 어때요?"라는 질문을 했다(활동 중간에 만나도록 하고 멈춘 뒤 10년, 다시 만나도록 하고 멈춘 뒤 20년이 지나는 형식으로 진행해도 좋다). 그러자 너무 슬프고 죽을 날이 얼마 남지 않았는데 어서 빨리 통일이 되면 좋겠다는 답을 했다.

　잠깐 활동을 멈추고 실제 군사 분계선 모습을 영상으로 보여주면서 지도와 함께 살펴보았다. 우리 반에는 군사 분계선을 방문했던 경험을 가진 아이들이 거의 없었다. 너무나 크고 넓은 실제 군사 분계선의 모습에 반 아이들이 놀랐다. 나는 계속해서 남과 북이 대화하고 합의하는 장면(김대중, 노무현, 문재인 대통령의 회담 장면)을 영상으로 보여준 뒤 "이렇게 남과 북이 만나서 웃고 있고 대화를 나누는 것은 무엇을 뜻할까요?"라고 질문했다. 아이들은 "가까워진다" "벽이 낮아졌다" 등의 답을 했고, "남과 북의 거리가 가까워지고 마음의 장벽이 낮아진 거라 할 수 있겠네요. 그러면 무엇이 좋을까요? 우리가 만든 군사 분계선에 변화를 줘보겠습니다."라며 군사 분계선 역할의 학생들을 모두 안쪽으로 한 걸음 걸어가도록 해서 남과 북의 거리를 좁히고, 한쪽 무릎을 꿇고 앉도록 해 장벽의 높이가 낮아지도록 했다.

다시 엄마와 딸에게 편지를 주고받도록 했다. 여전히 군사 분계선의 방해가 있어 어려움이 있었지만 끝내 편지를 전달할 수 있었다. 나는 반 아이들에게 "성공했던 비결이 뭔가요?"라고 물어봤다. "남과 북이 가까워지고 장벽이 낮아졌어요!!"라고 답을 하는 아이들에게 "맞아요. 우리가 앞으로 해야 할 일들이고, 서로 헤어진 이산가족들이 나이가 들어 영원한 이별을 하기 전에 이렇게 편지를 주고받고 만날 수 있게 해줘야 한답니다." 그리고 군사분계선 가운데 부분을 터놓고 엄마와 딸을 만날 수 있게 해주었다. 그러자 부모 역할, 자녀 역할의 학생이 (내가 따로 요구하지 않았는데도) 서로 덥석 껴안았다. 나는 다가가 "서로 만나서 어때요? 50년 만에 만났는데 엄마에게 어떤 말을 하고 싶나요?" 등의 질문을 했다.

활동을 잠시 멈추고 실제 남북 이산가족 상봉 장면을 보여주었다. 만난 지 며칠 만에 다시 이별을 하며 눈물 흘리는 장면을 보여주자 아이들은 함께 눈물 흘리며 안타까워했다. 다시 군사 분계선으로 돌아와 (앞의 영상처럼) "이제 다시 헤어져야 할 시간입니다."라며 군사 분계선 중앙의 통로를 닫고 부모를 북쪽으로, 자녀를 남쪽으로 보냈다.

"남과 북이 이렇게 만났던 일들도 정치적 상황이 좋지 못하면 만남 또한 멈추게 된답니다." 그리고 군사 분계선을 다시 일으켜 세운 뒤 거리를 더 띄웠다. "현재 이런 상태를 보내고 있는지 몰라요. 그래서 남과 북이 서로 통일과 화합을 위해 대화를 나눠야 합니다. 다툼보다는 화해를, 평화를 위해 노력해야 하지요. 여러분은 어떤 생각이 들었나요?"라며 반 아이들에게 소감을 물어보았다.

- 아직도 만나지 못한 이산가족을 생각하면 안타깝다.
- 선물을 주고 싶어도 줄 수 없고, 만나고 싶어도 만나지 못하고, 그렇게 생을 마감한 분들도 있을 텐데 그분들은 슬프고 힘들었을 것 같다.
- 어렵게 만났는데 금세 헤어져야 하는 것도 안타까웠다.
- 남과 북이 분단 상황을 끝내고 빨리 하나가 되면 좋겠다.

통일로 가는 발걸음

교과서 진도는 분단까지 다루지만, 통일에 대해 조금 더 공부하면 좋겠다는 생각이 들었다. 아이들이 자라면 통일을 위해 일을 하고 실제적인 고민을 하는 세대가 될 수 있겠다는 생각에서였다. 예전에는 반 아이들과 통일 후의 이야기를 상상해 보거나 연극 공연을 하기도 했지만 이번에는 통일의 과정이 쉽지 않겠지만 끝내 통일은 될 것이고 꿋꿋하게 그 길을 천천히 걸어 나가야 한다는 것에 초점을 맞춰 '장애물 통과'(교실놀이백과239, 230p) 놀이를 활용했다.

장애물 통과 놀이 ——

1 2명씩 짝이 되어 일정한 박자에 맞춰 손 또는 발로 장애물을 만든다.

2 이때 사람이 통과할 수 있을 정도로 만들도록 한다.

3 반 전체가 만든 장애물을 연결해 장애물 터널을 만든다.

4 맨 끝에 있는 사람부터 장애물을 통과한다.

5 장애물을 통과해 나오면 다시 장애물을 만들어 장애물 터널을 연결한다.

6 친구들이 돌아가면서 모두 장애물을 통과할 때까지 진행한다.

비트가 있는 음악을 틀어주고 두 명씩 서로 마주 보게 했다. 마주 본 상태에서 박자에 맞춰 사람이 통과할 수 있을 정도의 장애물을 만들도록 했다. 내가 먼저 장애물 터널을 통과하면서 장애물의 수준을 조절해 주고, 사람이 다치지 않을 정도의 간격과 속도를 만들었다. 사람 몸에 닿을 것 같으면 멈추도록 약속도 했고, 재미를 위한 활동이라기보다 '통일의 과정'을 위해 먼저 해보는 활동임을 이야기했다. "자, 우리가 만든 장애물을 통과해 보겠습니다. 친구가 다치지 않도록 장애물을 운영해 줄 수 있는 사람은 먼저 손을 들어 약속해 주세요." 라고 한 뒤에 한 사람씩 장애물 터널을 빠져나가도록 했다.

아이들은 웃으면서 즐겁게 장애물 터널을 만들어갔다. 장애물을 통과할 때 다양한 모습이 연출되기도 했다. 때론 재빨리, 때론 몸을 숙여서 통과하기도 했

장애물 통과 놀이

통과 방향

장애물

통과해 나오면 장애물 터널을 계속 이어나감

장애물 터널

여긴 장애물 맛집!

어서와 쉽진 않을 거야

어떻게 가야 하나..

고, 기어서 터널을 빠져 나가기도 했다. 터널을 마지막까지 빠져나온 뒤에는 기뻐하고 뿌듯해하는 모습이 보였다. 아이들이 돌아가며 모두 빠져나오자 소감을 물어봤다. 힘들기도 했고, 재미있다고 하기도 했다.

나는 진지한 표정으로 물었다.

"자, 조금이라도 장애물에 몸이 닿았던 학생은 손들어볼까요?"

"통과하기 힘들어 몸을 낮춰 기어갔던 학생도 손들어볼까요?"

"장애물을 어떻게 통과해야 할지 몰라서 한참 망설였던 학생도 손을 들어볼까요?"

그러자 반 아이들은 매번 손을 들었다.

"바로 이게 통일의 과정이랍니다. 선생님은 이 활동을 재미로 하기보다 여러분이 뭔가를 느꼈으면 좋겠다는 마음으로 준비했어요. 장애물이 많다는 쪽보다 여러분이 '끝내 통과했다' 쪽을 더 바라보기로 해요. 여러분은 장애물 터널을 빠져 나오면서 조금 다쳐도 포기하지 않았고, 비굴하게 느낄 수도 있었겠지만 몸을 낮추기도 했고 기어서라도 빠져 나갔지요. 때론 답이 나오지 않아 어려운 장애물 앞에서 한참 망설였지만 어떻게든 통과했잖아요. 그렇게 끝내 장애물을 통과한 뒤 기뻐하고 즐거워했던 여러분 모습처럼, 통일의 과정도 때론 몸을 숙여야 하고, 상처를 얻기도 하고, 어려움에 고민되는 순간이 있겠지만 끝내 통일을 맞이해 기뻐하고 함께 행복해하는 순간이 언젠가 올거라 생각합니다."

다음은 활동 후에 아이들이 남긴 소감이다.

- 장애물 통과가 쉽지 않았다. 그만큼 통일은 어려운 것이다.
- 통일을 하는데 쉬운 것도 있고 어려운 것도 있을 것이란 생각이 들었다.
- 쉽게 통과되는 것도 있었지만 힘들게 기어가야 하는 것도 있었다. 통일 또한 그럴 것이다.
- 통일을 하는 과정이 어렵기도 하고 쉽기도 하겠지만, 난 우리나라가 결국 통일을 할 것이라 믿는다.

놀 이 와
연 극 수 업
팁

놀이와 연극을 활용한 다양한 수업 활동

　5학년 2학기에 배우는 사회 수업의 교육과정 이외에 계기교육이나 도덕 수업 등에서도 다양한 역사 수업 진행이 가능하다. 다음의 활동을 통해 놀이와 연극이 수업에 어떻게 변형되어 적용되는지에 대한 아이디어와 재구성에 도움이 되길 바란다.

'전체 가위바위보'로 IMF 이해하기

　돈을 벌어보고 써보기도 하면서 돈의 소중함을 돌아보게 하거나, 부모님이 낸 학원비, 부모님이 매달 사용하는 생활비 등을 돌아보게 하는 데 사용했던 활동이다. 무엇보다 IMF 관련 수업을 할 때 이 활동을 하다 보면 큰 역동이 생긴다.

　이 활동에서는 '재산을 지켜라!'(교실놀이백과239, 324p)를 활용했다. 교사와 반 아이들 모두가 가위바위보를 하는데, 이번 활동에서는 '선생님과 같은 것을 낸 사람'에 초점을 맞췄다.

먼저 활동을 위해 책상 4~5개를 돌려 모둠을 만들고 그 위에 같은 크기의 종이나 카드를 쌓아 두고 '돈'이라고 약속한다. 나는 A4 용지를 8등분하거나 수학 시간에 사용했던 카드를 모아두었다가 진행하곤 했다. 최근엔 미니 A4 용지를 모둠별로 한 통 정도 구입해 두었다가 수업에도 활용하고, 투표하거나 아이들의 생각을 짤막하게 써내도록 할 때 활용했다.

IMF를 경험하다 ⎯⎯

1 가위바위보 신호에 모두 선생님을 향해서 가위, 주먹, 보 중 하나를 낸다.

2 동시에 선생님도 가위, 주먹, 보 중 하나를 낸다.

3 선생님과 같은 것을 낸 학생은 자리에서 일어난다.

4 주어진 멘트에 해당된 활동을 한다.

"여러분은 모두 회사에 취직을 했습니다. 월급날이 됐습니다."라며 모둠 책상 가운데에서 종이를 10장씩 가지고 가게 했다. 그런 뒤 "기본적으로 매달 들어가는 돈이 있지요. 전기, 수도, 가스 등 관리비로 2장을 내주세요."라며 종이 2장을 내도록 했다. "스마트폰 비용도 내야지요. 한 장을 내주세요." 이렇게 기본적으로 다시 반납하도록 한 뒤 남은 종이를 손에 쥐거나 바닥에 가지런하게 놓도록 한 뒤 '전체 가위바위보'를 진행했다. 그리고 나와 똑같은 것을 낸 학생은 일어나도록 했다. "회사에서 보너스를 받았습니다. 세 장을 가지고 가세요." 또는 "몸이 아파 병원 치료를 받게 됐습니다. 두 장을 제출해 주세요." 등으로 매번 가위바위보를 하고 그에 따라 종이를 가지고 가거나 반납하도록 했다. 그럴 때마다 아이들은 환호했다가 "안 돼!"라며 비명을 지르기도 했다. 활동을 반복하다 보면 종이(돈)가 늘어나기도 하고 줄어들기도 한다. 완전히 파산한 경우엔 칠판에 이름을 쓰고 10장을 빌려갈 수 있도록 했다. 나중에 갚을 땐 11장을 내도록 했다.

이 활동은 다양한 주제로 할 수 있어서 좋다. 가위바위보를 해서 나와 같은 것을 낸 학생이 많았을 때 "자녀 학원비로 다섯 장을 내주세요. 요새 학원비가 비싸지요?"라고 했더니 돈을 내면서 "자식을 낳지 않겠다, 학원비가 너무 비싸다" 등의 반응이 나왔다. 그러면 "매달 부모님이 지출하는 학원비가 얼마인지 알고 있나요? 이번 기회에 살펴봅시다. 그러니 빠지지 말고 잘 다녀주세요." 등의 이야기를 할 수도 있었다.

활동 중에 스마트폰 비용을 자주 내도록 했다. 그러면서 "이번엔 자녀 스마트폰 요금도 내주겠습니다. 전엔 한 장을 냈다면 이제부터 두 장을 내겠습니다."로 스마트폰 지출을 돌아볼 수 있도록 하는 것도 좋았다. 금리를 다룰 때 "돈이 많은 학생은 선생님에게 10장을 맡기면 나중에 11장으로 돌려줍니다. 지금까진 선생님이 돈을 빌려줄 때 10장을 빌려주면 여러분이 11장을 갚았지만 금리가 올라 이제 10장을 빌려가면 12장으로 돌려줘야 합니다."라고 했다. 불만이 터져나오는 아이들에게 "돈은 그래서 함부로 빌리는 것이 아니고, 내 자산 안에서 투자해야 한답니다. 은행에서 돈을 빌릴 땐 10장을 11장으로 갚아야 하지만 사채를 빌리면 10장을 14장 또는 점점 늘어나 20장으로 갚아야 하지요. 그래서 사람들이 절망에 빠지기도 합니다."라고 하자 아이들이 잘 받아들이는 모습이었다.

때로는 가위바위보를 한 뒤 "큰 사고를 당해 중환자실에 입원했습니다. 수술비로 내가 가지고 있는 돈의 절반을 내주세요."라고 했다. 아이들이 화를 내거나 절반이나 사라지는 것에 대해 민감해하면 "이건 예일 뿐입니다. 살다 보면 큰돈이 필요할 때가 있습니다. 그래서 다 사용하는 것이 아니라 이런 경우를 위해 돈을 저금해 두거나 보험을 들어두는 것이 중요하답니다."라는 이야기도 했다. 이렇게 종이를 '돈'이라 가정하고 가위바위보로 한 시간 내내 다양한 이야

기를 할 수 있는 활동이다.

활동 막바지에는 가위바위보를 한 뒤, "나라에 큰 어려움이 찾아왔습니다. 부도(이 단어에 대해서는 추가 설명을 해준다)가 나서 내 회사가 망했지요. 가지고 있는 종이(돈) 모두를 내주세요."라고 말했다. 아이들이 비명을 지르고 안 된다며 내게 살려달라고 했다.

"당시 이렇게 갑작스럽게 전 재산을 잃어버린 사람들이 많았답니다. 당시 사람들 마음이 어땠을까요?"

다시 가위바위보를 한 뒤 "열심히 하루를 일해 한 장을 가져갑니다."라고 했다. "너무 적다"고 불평하는 아이들에게 "그런 직장이라도 생긴 게 어디냐!"면서 많은 회사가 망해 직장을 구할 수 없어 힘들어했던 사람들 이야기를 들려주었다. 또다시 가위바위보를 한 뒤, "나라가 망한다는 소식에 너 나 할 것 없이 살림은 어렵지만 금 조각을 내어주기도 했답니다. 종이 5장 있는 사람들은 1장씩 가운데로 내주세요." 등 당시의 사건들을 이렇게 가위바위보 중간중간에 들려주었다. 나중에는 돈을 많이 가지고 갈 수 있도록 구성하고, 다시 넉넉하게 살 수 있도록 가위바위보를 구성한 뒤 "다행하게도 나라가 어려움에서 극복됐고 조금 더 넉넉하게 살 수 있게 됐습니다."라며 가진 자산을 확인해 보도록 했다. 그 결과 기부도 하게 하고, 돈이 없는 사람에게 나눠주기도 하면서 수업을 했다.

피규어를 활용한 5·18 수업

역사 속 사건을 몸으로 재연할 때 걱정되는 주제도 있다. 그럴 때는 피규어

(또는 플레이 모빌)나 인형을 이용해 표현해 보는 것도 좋다. 쑥스러움과 망설임이 줄어드는 대신 표현이 조금 더 자유롭고, 발표 또한 피규어에 대한 설명으로 하게 되니 장점이 많다. 무엇보다 손으로 만지작거리면서 친구들끼리 다양한 장면을 만들어보고 재연하면서 즐겁게 수업에 참여한다. 여기에서는 5·18 수업을 예로 소개하지만 교과서 속 다양한 이야기에 활용할 수 있다. 아크발 이야기, 코로나19의 삶, 미래 수업 등 계기교육 활동으로도 추천한다.

4명이 한 모둠이 되도록 책상을 놓은 뒤, 5·18 재단 사이트(http://www.518.org/)에서 어린이를 위해 만들어진 자료와 여러 영상을 확인하도록 했다. 그러면서 당시 '광주에서 있었던 일'이란 주제를 피규어로 표현해 보도록 했다. 모둠 위에 만들어놓은 장면을 모두가 일어나 돌아다니며 살펴보고, 모둠 중 한 아

이는 친구들에게 어떤 장면인지 설명하기도 하면서 전시회를 운영했다.

그런 뒤 자연스럽게 5·18과 관련해 교과서와 추가 자료를 통해 공부해 나가면서 피규어로 만들어진 장면과 비슷한 사건에 대해서는 더 이야기를 해주었다. 반 아이들이 전시된 피규어를 살펴보는 동안 나는 사진을 미리 찍어 컴퓨터로 옮겨놨고, 이 사진을 이용해 실제 장면과 사건을 함께 살펴봤다. 그런 뒤, (앞에서 했던 을미사변 수업처럼) 이렇게 벌어졌던 사건을 등장인물은 같은데 다른 이야기로 바꿔볼 수 있도록 했다. 피규어를 이리저리 옮겨 죽음과 폭력이 아닌 다른 역사적 사건으로 이어졌더라면 하는 가정으로 새로운 장면을 만들어보게 했다. 반 아이들은 한참 이야기 나누고 피규어를 이리저리 옮겨 장면을 만들었다.

피규어 장면을 찍어 TV로 보여주고, 만든 모둠에게 장면을 설명하도록 했다. 다양한 장면이 나왔고, 평화와 화해가 가득한 장면에 이런 마음을 언제나 지니고 세상을 살아갔으면 하는 당부를 남겼다.

내가 선정한 역사 속 5대 사건

학년이 끝나고 교과서를 수합해 재활용 장소에 보내기 전, 단원 정리 및 역사 수업 총정리를 하고자 했다. 그래서 종이를 한 장씩 나눠주고 교과서 속 그림과 사진을 마음껏 오려내 배치하도록 했다. 주제는 '내가 선정한, 역사 속 5대 사건!'으로 했고, 그동안 공부하면서 내게 기억에 남았던 것들, 특별했던 것들, 잊고 싶지 않았던 것들을 만들어보도록 했다. 반 아이들은 교과서를 마음껏 오리고 찢어낼 수 있다는 것을 좋아했다. 결과물을 수행평가와 발표 자료로 활용한

뒤 교실 뒤 게시판에 전시해 놓았더니 아이들이 쉬는 시간마다 그곳에 가서 배웠던 것을 이야기 나누는 것도 좋았다. 이와 유사하게 연표 만들기 활동으로 응용해 보는 것도 좋겠다.

닫는 글 ──

2000년대 대부분의 시간을 놀이와 교육연극에 빠져 교사 생활을 했다. 2005년, 저경력 교사였던 나는 임상 장학 수업을 해야 했다. 내 관심이었던 놀이와 연극을 활용해 '독도'에 대한 수업을 진행하고자 했다. 당시 일본이 독도에 대한 소유권을 주장하면서 외교적으로 시끄러웠던 시기였기에 '독도 의용군'에 대한 이야기를 다루며 독도를 사랑하고 아끼는 마음을 만들어주고 싶었다.

교실이 아닌 시청각실에서 퍼포먼스와 비슷한 즉흥적인 수업을 하겠다고 하니 선배 교사들의 걱정이 많았다. 그리고 교육청에서 요구한 수업 지도안 양식을 올렸더니 이런 수업은 불가능하다며 퇴짜를 당했다. 나는 할 수 있다며 다시 지도안을 제출했고 또다시 퇴짜당하고 다시 제출하고를 반복하다 수업을 하는 날이 와버렸다. 지도안을 퇴짜 놨던 장학사와 내 수업 방식이 궁금했던 교직원, 그리고 몇 분의 타학교 선생님까지 수업 참관을 위해 모였다.

나는 모래사장에 있는 듯 맨발로 선 뒤, 갈매기와 파도 소리가 들리는 음악을 틀고 수업을 시작했다. 한국인 어부들이 일본인 어부들에게 독도에서 쫓겨나는 장면을 연극으로 보여주면서 수업 문을 열고, 당시 한국과 일본의 독도 이슈에

독도의 팻말을 뽑는 그 순간!
일본 어부들이 이 광경을 보게 됐습니다.

에잇!

대해 함께 이야기 나눴다. 감정을 알아보자며 앞서 등장했던 한국 어부들과 일본인 어부들을 앞에 앉도록 해 반 아이들과 참관하던 선생님들이 이야기를 주고 받도록 했다. 자연스럽게 '독도를 지키자'라는 마음이 들도록 흐름을 유도했었다. 그리고 나는 우리가 이곳에서 실제 독도를 지켜보자면서 내가 모자를 쓰면 독도의용수비대장인 홍순칠 대원이 되는 것이고, 모자를 벗으면 수업을 진행하는 선생님으로 돌아온다면서 즉흥 연극과 수업을 진행했다.

반 아이들은 독도를 지키기 위한 의용수비대가 되어 함께 체조도 하고 신문지 뭉치를 가득 쌓아 독도를 지킬 무기도 만들었다. 폭풍이 몰아치는 음악을 틀고 나는 반 아이들에게 무기가 폭풍에 날아가지 않도록 지키라면서 모두가 서로를 붙잡고 소리 지르도록 만들었다. 그 폭풍에 희생당한 김학도 대원을 위해 반 아이들과 함께 묵념을 올리기도 했고, 죽은 대원에게 걱정 말라며 우리가 독

도를 지키겠다는 말도 건네봤다. 그런 뒤 일본 경비대 역할의 학생들을 무대 위에 올리고 행정실에서 빌려온 확성기를 통해 독도에서 나가라는 말을 하도록 했다. 그리고 신문지 눈싸움으로 전투를 벌였고 일본 경비대가 후퇴하도록 했다. 반 아이들은 함께 만세를 불렀고 지켜보던 선생님들도 함께 만세를 불렀다. 나는 그 순간 (지도안에 일부러 써놓지 않았던) 애국가를 틀었다. 반 아이들 두 명이 무대로 올라와 태극기를 들었고, 학생과 교사 모두 가슴에 손을 올리고 애국가를 불렀다. 선생님 몇 분은 눈물을 흘렸다.

수업을 마치고 여러 선생님이 한데 모여 수업 장학(비평)하는 시간을 가졌다.

(과거엔 수업자를 가운데 두고 많은 사람이 비평하고 질문하고 조언하는 불편한 방식으로 진행되었다.) 걱정했던 내 마음과 달리 여러 선생님이 이렇게 수업을 할 수도 있구나라는 충격을 받았다면서 기존 수업의 틀을 깬 내게 엄지를 올려주셨다. 장학사도 지도안을 보고 걱정이 되어 왔는데 어떤 수업을 해도 이렇게 잘할 수 있는 선생님은 앞으로 없을 거란 칭찬을 해주셨다. 돌이켜보면 이때가 서준호 스타일(놀이와 연극 활용)의 수업이 탄생된 순간인 듯하다.

그 이후로 놀이와 연극을 활용한 여러 수업을 만들어냈다. 사회적으로 이슈가 된 사건이 생기면 교실에서 반 아이들을 위한 수업으로 만들게 됐다. 토론 연극 기법으로 왕따와 따돌림 문제를 다뤘고, 이미지극 기법으로 5·18 수업을 만들어 공개했다가 포털 사이트 메인에 실려 이슈가 된 적도 있었다. 노무현 전 대통령이 군사 분계선을 넘는 순간 반 아이들과 통일과 관련된 수업을 즉석으로 만들어 진행했고(앞서 소개한 6·25와 분단 수업), 숭례문이 불탄 다음 날에 반 아이들과 몸으로 숭례문을 만들고 복원해 보는 수업도 했다(이 수업은 문화재청 연수에서 기립 박수를 받기도 했다). 놀이와 연극을 활용한 수업은 더욱 특별해졌고, 이를 활용한 역사와 사회적 이슈에 대한 수업도 점차 쌓여갔다. 20년 넘게 이렇게 쌓인 여러 수업 경험이 지금의 역사 수업을 만들어냈다는 생각이 든다.

앞에서 잠깐 소개했던 '독도 수업'에 참여했던 당시의 여러 제자들은 아직도 만나고 있다. 한 명은 놀이와 연극 활동이 너무 좋다면서 연극영화과에 진학했고, 한 명은 나와 함께한 수업 속에서 진로를 찾았다며 방송국 예능 PD가 되기도 했다. 제자들과 가끔 만나서 이야기를 나누다 보면 당시의 수업을 기억하고 있었다. 수업 하나가 아이들에게 미치는 영향이 클 수 있겠다는 생각이 들어 요새는 더 겸손하고 진지하게 수업을 하려 애쓰게 됐다.

한편으론 이런 생각도 든다.

"세상에 나 같은 스타일의 선생님도 필요하지 않을까? 학생들은 차분하고 친절하면서 꼼꼼하게 공부를 가르쳐 주는 선생님도 경험해 봐야 하고, 지도서와 교과서에 충실하게 가르치는 선생님도 만나봐야 하고, 나처럼 놀이와 연극으로 자유롭게 수업을 재구성해 보는 선생님도 만나보는 것이 좋지 않을까?"

이렇게 생각하면 더 재미있고 역동적인 수업을 하며 남은 교직 생활을 해나갈 듯하다.

퇴직하기 전까지 고민을 덜 하고 싶어서 교실 속 놀이는《교실놀이백과239》로, 교실 밖 놀이는《강당운동장놀이189》로 정리했었다. 6학년 생활지도와 학급 운영에 대한 경험은《6학년 담임 해도 괜찮아!》라는 책으로 정리했었다. 적용하고, 정리하고, 책으로 묶는 과정에서 많은 내용이 내 안에 녹아 지금은 학교에서 수업에 대한 고민을 덜 하면서 살고 있다. 이젠 이 책으로 역사 수업 또한 퇴직할 때까지 덜 고민하면서 살 듯해 기쁘다. 한편으론 나처럼 치열하고 많은 것을 해내기 위해 애쓰지 말고 나보다는 조금 더 편하게 살았으면 하는 마음으로 정리해 후배들에게 나누고자 하는 마음도 있다.

아무쪼록 이 책이 도움이 되면 좋겠다. 무엇보다 이런 수업에 매력을 느끼는 선생님들께 당당하게 수업을 진행하실 수 있는 힘이 되길 바란다. 그리고 우리 또한 '대단한 민족의 자손이고 어려움을 극복해냈던 그 흐름' 위에 있다는 것을 함께 떠올리며 멋지게 교직 생활을 하시기 바란다. 함께 성장!

놀이와 연극으로 만나는 역사 수업

초판 1쇄	2023년 8월 10일
글·사진	서준호

펴낸이	윤을식
펴낸곳	도서출판 지식프레임
출판등록	2008년 1월 4일 제 2020-000053호
전화	(02)521-3172
팩스	(02)6007-1835
이메일	editor@jisikframe.com
홈페이지	http://www.jisikframe.com

ISBN 979-11-982213-2-2 (03370)